"十三五"全国各类高等院校应用型教学精品课程规划教材

大学生创新创业教程

主　编　杨　波　朱　彪　刘冬梅
副主编　谭少柱　王金凤

中国商业出版社

图书在版编目(CIP)数据

大学生创新创业教程/杨波,朱彪,刘冬梅 主编.—北京:中国商业出版社,2018.6
ISBN 978-7-5044-9667-6

Ⅰ.①大… Ⅱ.①杨… ②朱… ③刘… Ⅲ.①大学生-创业-高等学校-教材 Ⅳ.①G647.38

中国版本图书馆 CIP 数据核字(2018)第 116921 号

责任编辑:蔡 凯

中国商业出版社出版发行
010-63180647　www.c-cbook.com
(100053　北京广安门内报国寺1号)
新华书店经销
北京市兴怀印刷厂印刷
* * * *
787×1092 毫米　1/16　印张 12　260 千字
2018年6月第1版　2018年6月第1次印刷

定价:42.00 元

* * *

(如有印装质量问题可更换)

前　言

大学生是最具创新创业潜力的人群之一，在高等院校中大力推进创新创业教育，对于促进高等教育科学发展，深化教育教学改革，提高人才培养质量具有重大的现实意义和长远的战略意义。创新创业教育要面向全体学生，融入人才培养全过程。大学生要打开想象力，从身边的生活中找到真需求，用创新的方法去解决问题，用创业的实干去实现想法。

本书围绕创新创业，分别介绍了认识创意、创新、创业；创新思维训练；创新方法与技巧；创业机会与商业模式；创业团队组建；创业融资；创业计划书；新企业的开办及生存管理；把创新思维融入到新企业管理中等内容。力求通过这些知识的介绍，使读者树立创新创业意识，培养创新创业精神，了解创新思维方法和创业各阶段知识。

本书具有以下特色：

1. 体系完整，脉络清晰。创新和创业是一件综合性的活动，涉及知识点多，对技能要求较高。本书从认识创意、创新与创业三者的关系开始，设计了九章，融创新思维训练、创新方法、创业知识于一体。做到架构合理、论述严谨、指导性强，内容丰富、知识点多、信息量大、实用性强，贴近时代、贴近实践、操作性强，使学生在较短的时间里学习知识，掌握要领，围绕重点，扎实训练，灵活运用。

2. 形式多样，通俗易懂。本书在编写上力求避免过分单纯注重概念、理论问题，结合学习特点，综合运用各种素材，如名人名言、故事、案例、游戏、思维训练等，以提高读者阅读的趣味性，加深学生创新创业体验。

3. 任务驱动，案例引读。本书将创新创业的基本过程以项目展示，每个项目既可独立成章，组合起来又可是一个完整的过程。在内容设计上，每个项目以任务驱动激发兴趣和思考，带着问题去学习；以案例引读提升感性认识，拉近理论与实践的距离，促使学生去思考。

本书由重庆广播电视大学/重庆工商职业学院的杨波、朱彪、刘冬梅任主编，谭少柱和王金凤副主编。杨波负责统筹全书结构设计、确定章节目录、撰写前言，审核全书等工作，并与王金凤一起编写了项目一和项目九；朱彪编写了项目二、三、四，刘冬梅编写了项目五、六、七，谭少柱编写了项目八。本书可供大专院校开设大学生创新创业训练或相近课程选作教材之用。

本书在编写过程中参考了大量国内外文献，主要参考资料目录已列在书后，谨向这些文献的编著者和出版单位致以诚挚的感谢。由于创新创业是一项复杂活动，鉴于编著者水平及教学经验有限，书中难免存在不足，衷心希望创新创业教育同行、创业者、读者给我们提出宝贵意见。

编者
2018 年 6 月

目 录

第1章 认识创意、创新、创业 (1)
1.1 创意 (2)
1.2 创新 (6)
1.3 创业 (10)
1.4 创意、创新与创业的关系 (15)

第2章 创新思维训练 (21)
2.1 你的创意从哪里来 (21)
2.2 思维的特征及形式 (26)
2.3 常见的思维障碍 (38)

第3章 创新方法与技巧 (45)
3.1 常用的创新方法 (45)
3.2 常用的创新技巧 (56)

第4章 创业机会与商业模式 (68)
4.1 如何发现创业机会 (68)
4.2 如何评价创业机会 (71)
4.3 认识商业模式 (74)
4.4 常见的商业模式 (76)
4.5 构建商业模式与创新 (79)

第5章 创业团队组建 (93)
5.1 单干还是合伙 (93)
5.2 如何组建高效创业团队 (97)
5.3 如何进行创业团队股权分配 (102)

第6章 创业融资 (112)
- 6.1 创业没钱怎么办 (112)
- 6.2 创业融资有哪些渠道 (113)
- 6.3 创业融资的原则 (120)

第7章 创业计划书 (124)
- 7.1 什么是创业计划书 (125)
- 7.2 为什么要撰写创业计划书 (125)
- 7.3 如何撰写创业计划书 (127)
- 7.4 如何做好创业路演 (143)

第8章 新企业的开办及生存管理 (149)
- 8.1 企业名称与品牌设计 (150)
- 8.2 新企业地址的选择 (154)
- 8.3 新企业的注册流程 (156)
- 8.4 新企业相关优惠政策 (159)
- 8.5 新企业的生存管理 (160)

第9章 把创新思维融入到新企业管理中去 (167)
- 9.1 产品创新 (168)
- 9.2 服务创新 (171)
- 9.3 市场竞争策略创新 (174)
- 9.4 管理制度创新 (176)
- 9.5 商业模式创新 (178)
- 9.6 企业文化创新 (181)

第1章　认识创意、创新、创业

名人名言

创意给人生命和生趣。

——美国广告大师　李奥贝纳

今后的世界,并不是以武力统治,而是以创意支配。

——松下电器创始人　松下幸之助

领袖和跟风者的区别就在于创新,创新无极限!

——苹果公司联合创办人　乔布斯

这个世界并不在乎你的自尊,只在乎你做出来的成绩,然后再去强调你的感受。

——微软公司董事长　比尔·盖茨

一个企业家要耐得住寂寞、诱惑、压力和冤枉,外练一层皮,内练一口气,这很重要。武林高手比的是经历了多少磨难,而不是取得过多少成功。

——阿里巴巴创始人　马云

给自己留了后路相当于是劝自己不要全力以赴!

——万科创始人　王石

学习目标

1. 什么是创意,有哪些类型?
2. 什么是创新,有哪些类型?
3. 什么是创业,有哪些类型?
4. 创意、创新与创业之间的联系是什么?
5. 创业者应具备的品质有哪些?

1.1 创意

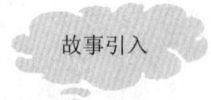
故事引入

创意使枯叶变成枯叶艺术

德国艺术家 Susanna Bauer 从小就喜欢手工,喜欢大自然。干枯的树叶一碰就碎,枯叶落地的那一刹那,既是结束也是新生。不起眼的枯叶在德国艺术家 Susanna 手里居然变成了枯叶艺术,Susanna 用它们编织出了一个个有趣的世界(见图 1-1)。

走在路上,一片叶子映入眼帘,Susanna 把树叶捡起并带回家,这片树叶就这样开启了新生命。Susanna 将一排树叶挂在晒衣绳上,小心翼翼地用针线缝补创作,将枯叶做成枯叶立方体,做成各种枯叶作品,在欧洲和美国多家画廊展出,并连续四年参加伦敦艺博会。

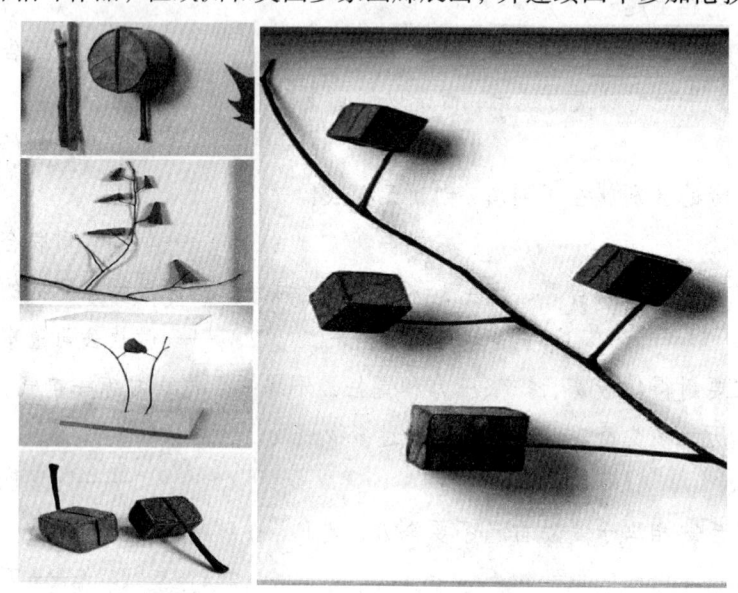

图 1-1 Susanna 用针线串出来的枯叶艺术

文献来源:微信公众号"创意铺子"

打破它,你就可以带走 300 万美元

温哥华一家广告公司为了宣传一种新型苏格兰盾安全玻璃,将 300 万美元放在用这种玻璃做成的箱子中,然后将箱子放在办公室外面。在箱子上写着:"打破它,你就可以带走 300 万美元。"路人看到这则广告语,都试图打破箱子得到 300 万美元,但没有一个人成功。300 万美元的诱惑使很多人来试图打破箱子,虽然箱子只在办公室外面放了一天半就被撤除,但这次广告宣传引起了全国性的关注,而整个广告预算,仅仅只有 6000 美元。

文献来源:基本素材来自《创意文案与营销策划》,笔者适当加以改编

1.1.1 相关概念

"创"指创作、创造,"意"指意识、观念和思维,"创意"即对现实存在事物的理解及认知所衍生出的一种新的抽象思维和行为潜能。简而言之,创意就是产生一种新颖且有用的想法。

1.1.2 创意的产生

你有没有过这样的时候:日复一日重复着相同的学习和工作,每天好像都很充实,却感觉进入了瓶颈期,没有新意也缺乏想象力?每次看见新颖的创意就感叹别人怎们能想出这么绝妙的创意来?

创意并非凭空产生也非某一瞬间偶然触发,而是经由一系列过程,在意识表层之下经长期酝酿后突然浮出意识表面而产生的。创意的产生有以下五个步骤:

第一步:收集相关信息。

第二步:将信息当成食物,让思维咀嚼一番。这一步你必须开动脑筋,用思维咀嚼相关素材,寻找事物之间的关联性,为创意的产生做进一步的准备。这一阶段可能会产生一些不成熟不完整的创意,记得将这些创意记录下来,不管它们有多疯狂或多么不明确。

第三步:把问题交给你的潜意识。这一步你不需要做出任何直接的努力,你可以将问题抛诸脑后,去听音乐、看电影等,想办法充分刺激自己的想象力和感知力。

第四步:静候创意浮出水面。这一步,创意会在不经意间浮出水面,在你吃饭时,或在你清晨洗漱时与你不期而遇。

第五步:将创意带到现实世界检验或纠正。这一步,你需要将诞生的小小创意放在现实世界中经受考验。这时你可能会发现它似乎不像之前那样非凡独特,你需要开展一系列的工作对创意进行纠正,让它切实有效。

1.1.3 创意的运用

创意可运用在诸多方面,如广告宣传、产品设计等。经实践纠正检验的创意不仅能助你创业一臂之力,还能给生活增添一份乐趣和情调。

大街上、网络上,广告随处可见,但广告理论比较呆板。创意则充满灵性,创意在广告中占据极其重要的位置。一则创意性强的广告能瞬间吸引消费者的眼球,实现广告的目的(见表1-1)。

表1-1 创意广告

产品名称	保险	牙刷	狗粮
广告创意	即使在车子背面开车也无须担心	这支牙刷一定超弹性	拉不住的好滋味
广告图片			

在产品设计中,如能加入一些创意的元素,会增添产品的吸引力和竞争力。如门把手,虽然现在感应门十分普及,但门把手的地位不可代替。通常,我们见到的门把手是这样的(见图1-2),但如果将门把手设计成手枪门把手、握手门把手、手电筒门把手等形状,是不是对消费者更有吸引力呢(见表1-2)。

图1-2 普通门把手

表1-2 创意产品设计

产品名称	手枪门把手	握手门把手	手电筒门把手
创意说明	手枪造型的门把手不仅独特,如果家里闯入小偷,还可以用门把手吓退他	手掌造型的门把手让你每次开门的时候都有和人握手的感觉,是不是很有趣呢	手电筒门把手不仅在黑暗环境有小夜灯功能,还可以用来当作应急手电筒,再也不担心家里突然停电了
产品图片			

日常生活中,我们会制造很多垃圾,垃圾往往是放错了或用错了的资源。喝完的啤酒

瓶、吃完的开心果、修剪下的花材……你是直接扔掉，还是加入一些创意，变废为宝呢？

图1-3　啤酒瓶的妙用

将啤酒瓶做适当切割，就可以做成好看又实用的花盆或烛台等。或是将很多啤酒瓶堆砌成候车亭，该候车亭现位于美国肯塔基州列克星敦，看似简单甚至简陋的候车亭在阳光或月色下却格外美丽。

图1-4　开心果壳花

收集吃完的开心果壳，做成一朵花的形状，然后再涂上颜色，就是一朵朵开得正艳的花，化腐朽为神奇。

图1-5　单花的另一种美

修剪后多出的枝条花朵，除了通常的瓶插外，还可以尝试着一点点小改变，点缀不一样的浪漫。气质不看排场，即使只有单花。单花直接摆在水杯里，3D立体效果自然而成。蜡烛和鲜花是营造温馨浪漫的最佳搭配。有时，打破常规很简单。如果觉得鲜花的香味不够，没关系，加点柠檬，为室内空间增色亦添香。

创意训练营 创意感知

> 河南省实验中学一教师在辞职申请上写着:"世界那么大,我想去看看。"这封辞职信走红网络,引发热评。各大商家也捷足先登,利用辞职信上的内容为自己造势。例如:
> 中国联航:同意! 才 8 块,跟联航飞吧!
> 中国石化:同意! 你带上我,我带上卡,你负责精彩,我为你护驾。
> 乐视 TV:看世界,用超级电视就够了!
> 问题:如果你是一家时尚女装店老板,你怎样利用这句话来吸引消费者眼球,让消费者知道你的女装?

创意激发

> 规则:
> 1. 每人输出 1 个以上的创意。
> 2. 以 4 人为 1 个小组进行小组讨论,选择出最好的创意。

创意呈现

小组选择出最好的创意后,由小组代表对创意进行描述。

> 规则:
> 1. 描述你是谁,你的创意是什么,这个创意会有怎样的效果。
> 2. 描述时间 2 分钟。

1.2 创新

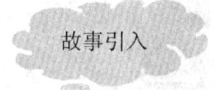
故事引入

复购率 70%,打败海底捞外卖

一个小火锅外卖,月销 3 万单,年营收直追海底捞外卖,冬季最高月流水过 1000 万元,复购率超过 70%,海底捞的复购率为 50%。这是"小火锅外卖"品类代名词"淘汰郎"的成绩单。梳理淘汰郎的成长路径,发现创新助其成功逆袭。

火锅是特殊品类,要点很多单品,市面上的外卖火锅品牌基本是做的多人食用的大锅,而大锅火锅,一两个人吃不了,人多一起吃不方便,小份制的火锅有更大的需求。淘汰郎的创始人赵子坤则专注于外卖小火锅市场,且在外卖市场还很宽容的时候入局,满足需求空白。推出 99 元的爆品套餐,套餐是引流产品,顾客下单时往往会选择"套餐+单品"的组合,尤其是毛肚和鸭肠等毛利较高的单品,这一举措不仅使淘汰郎的小火锅迅速打开市场,也增加了小火锅的利润。再次下单套餐,消费者可享受"换购50元以内任一菜品"的活动,大大提高了消费者黏性。同时,淘汰郎将小火锅的锅具作为其"活广告",小火锅的锅具不回收,闲置在顾客家里的锅具能随时提醒顾客:该吃淘汰郎了。

文献来源:基本素材来自微信公众号餐饮界,笔者加以适当改编

1.2.1 相关概念

创新,顾名思义,创造新的事物。创新即人类为了满足自身需要,遵循事物发展的客观规律,对事物的整体或其中的某些部分进行变革,使其不断更新和发展的活动。创新有三层含义:第一,更新;第二,创造新的东西;第三,改变。创新的本质是突破,即突破旧的思维定式和常规戒律。创新的核心是"新",包括产品的结构、性能和外部特征的变革,造型设计、内容的表现形式和手段的创造以及内容的丰富和完善等。

1.2.2 创新的类型

①根据创新的内容分

根据创新的内容,可将创新分为理论创新、技术创新、制度创新、文化创新和商业模式创新等。其中理论创新是先导,技术创新是核心,制度创新是保障,文化创新是灵魂。

■理论创新。理论创新即突破原有理论体系和框架,修正发展原有理论和方法。理论创新不仅要有勇于创新的思想意识,还要有科学的思想方法,必须广泛吸收前人和同时代人的思想成果,源于实践又指导实践。如管理理论的创新,从泰勒的科学管理、保罗·高尔文的人本管理,爱德华兹·戴明的全面质量管理、彼得·杜拉克的目标管理,再到阿尔文·托夫勒的虚拟管理、查尔斯·汉迪的全球化管理等,都是创新的结果。

■技术创新。技术创新指生产技术的创新,包括开发新技术或者将已有的技术用于应用创新。技术创新包括产品创新、工艺流程创新和服务创新等。产品创新如小型直升飞机的出现。美国北方,冬季严寒,在大雪纷飞的日子里,电线上积满了雪,大跨度的电线常被积雪压断造成事故。在集思广益后,直升飞机扫雪的想法产生。经过技术经济等方面的分析,一种专门清除电线积雪的小型直升飞机应运而生。工艺流程创新如中集集团引进德国技术提高生产效率。中集集团通过把原来照搬德国引进的生产线和流程进行优化改进,使原来1万箱的设计生产能力,通过改进后,在同样面积的厂房空间中产能达到2.5万箱,大大提升了生产效率和效益。

■制度创新。制度创新是指在现有的生产生活环境下,通过创设新的、更能有效激励人们行为的制度、规范体系来实现社会可持续发展。所有的创新活动都有赖于制度创新的积淀和激励,通过制度创新得以固化。如家园网开创的"无限合伙人"制度。"无限合伙人"制度

是指合伙人无须认缴企业出资，无须承担债务连带责任，名额不受限制，参与企业管理，并开放持股流动性。无限合伙人身份不仅是公司对员工的认可，更是工商备案的持股激励。"无限合伙人"制度把传统员工的强制化管理转化为创业者的"内在驱动"，显著提升管理效率。

■文化创新。文化创新即在交流的过程中传播，在继承的基础上发展，文化发展的实质在于文化创新。如企业文化创新，在移动互联网时代，企业组织变得扁平化、网络化，企业应树立以人为本的企业文化理念，创造有利于发挥员工积极性的文化氛围，形成与组织相适应又符合员工主流需求的企业价值观，建设企业的精神文化。充分发挥新媒体、自媒体的作用，通过多种平台传播企业文化，通过"入脑""入耳""入心"，做到企业文化落地。

■商业模式创新。商业模式即企业价值创造的基本逻辑，即企业如何赚钱。商业模式创新就是企业把新的商业模式引入社会生产体系并为客户及自身创造价值，为企业开拓新的市场创造新的客户群，通俗地讲，就是企业用新的方式赚钱，如滴滴巴士。2015年7月15日，继快车、顺风车之后，滴滴快的旗下巴士业务"滴滴巴士"正式上线。滴滴巴士是第一个尝试将巴士进行多场景应用的定制巴士，是关于定制化出行的城市通勤定制服务，它根据大数据测算并推出城市出行新线路。滴滴巴士还将巴士进行多场景应用，比如旅游线路定制、商务线路定制等，扩展了巴士出行的场景。

②根据创新的程度分

根据创新的程度，可将创新分为渐进式创新和突破式创新。

■渐进式创新。渐进式创新是指通过不断的、渐进的、连续的小创新，最后实现大创新的目的。虽然单个创新所带来的变化很小，但其重要性不可低估。一方面，许多大创新需要与它相关的若干小创新辅助才能发挥作用；另一方面，小创新的渐进积累效果常常促使创新发生连锁反应，从而出现大的创新。

■突破式创新。突破式创新是引起产品性能主要指标发生跃迁，对市场规则、竞争态势、产业版图具有决定性影响，甚至引起产业重新洗牌的一类创新，其特点是打破陈规，改变传统和大步跃进。瑞士的钟表业世界闻名，当石英钟技术出现的时候，瑞士人拒绝采用石英钟技术，而日本人采用了石英钟技术。落后的日本钟表业公开向千年品牌的瑞士钟表业挑战，一度使瑞士的钟表业陷入困境。

③根据创新的原创性

根据创新的原创性，可将创新分为原创性创新和模仿性创新。

■原创性创新。原创性创新指发明一种新产品、新技术或创造一种新的模式，这种产品、技术或是模式以前从未出现过。原创性创新最困难，需要资金和技术，但一旦成功，也最具有价值。在过去的30多年中，海尔一直重视原创性创新。在智能空调的研发过程中，海尔的很多智能技术如房间空调器离子送风技术和溶液除湿加湿技术等均达到国际领先水平。如今，以无声空调为代表的多项颠覆性成果势必让海尔以套圈的态势持续引领行业前行。

■模仿性创新。模仿性创新指在前人的基础上进行必要的改动,从而产生新的东西。比如共享单车,共享单车的模式最初源于国外的公共单车模式,但那时的公共单车多为有桩单车。随着移动互联网的快速发展,以 ofo 为首的共享单车出现,无桩单车取代有桩单车。共享单车出现后,共享雨伞、共享充电宝和共享汽车等相继出现,虽然产品不一样,但这些共享产品的模式与共享单车的模式大相径庭,均由共享单车的模式发展而来,都属于模仿性创新。

创新思维馆

案例1:重庆"第一天空悬廊"位于重庆奥陶纪主题公园,悬空于300米高的悬崖峭壁上,被称为"世界最长的悬挑空中玻璃走廊"。悬廊成"A"字形,和悬崖呈90°角伸出去,桥面铺设全透明玻璃,从内往外由宽渐窄,沿悬崖向外挑出70多米。除此之外,这里还有高空体验项目,如在300米高空上搭帐篷过夜和悬崖秋千等。

案例2:2017年7月8日,马云的无人超市在杭州正式开业,24小时营业,没有一个售货员,消费者可拿起物品直接离开。由于没有人工成本,无人超市的成本大约只有传统超市的四分之一,店主只需每天补货即可。平均一个人可以一天管理十家无人超市,相当于平均一家店的人工成本只有500元左右。无人超市对于传统超市和传统零售行业来说,将是巨大的冲击。

思考:上述案例分别属于哪种类型的创新,为什么?

创新思维馆　　　　　　**铁老大开做 O2O 外卖**

长期以来,铁路餐饮始终处于"封闭式"经营的状态,列车上的餐饮供给由铁路方决定,乘客基本没有自主选择的余地,加之铁路餐饮价格高、口味单一等问题,乘客对铁路提供的盒饭质量和服务一直颇有微词。在高铁大幅提质提速的环境下,如果配套的餐饮服务仍处于封闭式状态,将会影响到高铁的整体形象和乘客的满意度。进入互联网时代,任何封闭式经营都将难以为继。如果高铁上采用"互联网+餐饮"的形式,让乘客在高铁上也能享受到其他美食,势必会提高乘客乘坐高铁的满意度。终于,铁路总公司向社会餐饮企业开放铁路互联网订餐平台,只要是符合规定的餐饮产品均可在12306网明码标价,供旅客选择。

2017年春运,上海铁路局与"饿了么"订餐平台联合推出高铁订餐服务,收获了较好的口碑。2017年7月17日起,铁路部门在全国27个主要高铁客运站,推出动车组列车互联网订餐服务。旅客不仅可订购高铁盒饭还可订购社会品牌餐食,这也标志着中国铁路首次将餐饮服务大门向社会开放。

讨论1:在铁路餐饮O2O之前,铁路餐饮存在哪些问题?创新的关键点是什么?铁路局采取了哪些行动?创新的效果怎样?

讨论2:高铁停靠时间较短,加上安保检测问题,如何顺利将外卖准时送到乘客手里并保证外卖的口感不受影响是最关键的一环。如果你是铁路局的负责人,你会采取哪些创新的方法,保证铁路餐饮外卖越做越好?

1.3 创业

山里娃的创业故事

张建贵是贵州遵义团溪镇一座深山里的孩子,家里贫穷,温饱问题尚未解决。他立志走出大山,依靠老师和亲戚朋友的经济资助加之自己拼命努力学习,2009年以优异成绩考上西南大学。为了能在重庆留下来,在学习之余,他开始了他的创业梦。

在来重庆的第三天,张建贵去北碚城区批发市场,用半年学费买了15套棉被,新生开学,张建贵用三天时间售出13套棉被,净赚1270元。随后,他加入学校创业协会锻炼自己,邀请同乡联手送外卖,每月赚取3000多元,后来发展为6人团队。大二时,张建贵和同学在南区美食城开了一家广告工作室,后以失败告终。第一次实体创业,尽管失败,但终究踏出了第一步。大二下学期,张建贵与创业协会同学李明慧共同创办了培训学校,并组建了80余人的师资团队,很快,张建贵分得7万元回报。利用这笔本钱,张建贵不断拓展领域,在西南大学南园美食城开水吧,在杏园美食街开快餐超市,在四川资阳投资培训学校,年收入超过300万元。

事业成功的同时,各种荣誉也纷至沓来,张建贵曾担任重庆市大学生创业联盟主席,获评共青团重庆市委"创业先锋"。自己走过的每一步,张建贵都会写进回忆录,他取名为《山里娃的创业故事》。

文献来源:基本素材来自学习啦网站,笔者适当加以改编

1.3.1 相关概念

什么是创业?杰夫里·提蒙斯认为:"创业是一种思考、推理结合运气的行为方式,它为运气带来的机会所驱动,需要全盘考虑各种方法并拥有和谐的领导能力。"科尔(Cole)将创业

定义为:发起、维持和发展以利润为导向的企业的有目的性的行为。国内学者结合已有研究,也给出了相关的定义。王会龙认为创业的核心要素是识别机会,创业是一个创造出新的产品或服务并实现其内在价值的过程。宋克勤把"创业"定义为创业者通过捕捉和识别商机,利用已有的资源来提供一定的服务或产品,以创造并增加价值的过程。

根据国内外学者的定义,本书归纳出创业模型(见图1-6)。

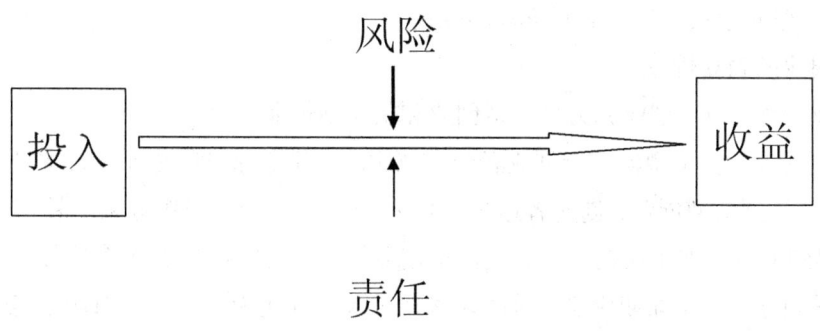

图1-6 创业模型

该模型可以从以下4个方面理解:

第一,创业需要投入人力、财力、精力,其目的是获取收益。

第二,创业要面临风险,如政策风险、经济风险、技术风险、资金风险、人力风险等。

第三,创业需要承担责任,如个人责任、家庭责任、企业责任、社会责任等。

第四,正是由于存在风险和责任两个变量才使创业充满未知和艰辛,才使得投入不一定就能获得收益,往往投入不仅没有带来收益反而面临亏损。

1.3.2 创业的类型

①**根据创业的动机分**

根据创业的动机,创业分为生存型创业和机会型创业。

■生存型创业。生存型创业是指创业者迫于生存压力,为了生存而不得已走上创业之路。这种类型的创业属于被动型创业,创业目的是谋生,创业项目多集中于服务业。常见的个体户大多是生存型创业,国内比较典型的是浙江温州的企业,该地很多创业者受当地独特的创业文化影响,最初基本以谋生为目的而创业。

■机会型创业。机会型创业是指创业者发现商机,充分抓住现有的机会,以实现价值创造而选择自主创业的行为。机会型创业的出发点并非谋生,而是为了抓住并利用市场机遇来创造价值。比尔·盖茨因发现软件发展的巨大空间而创办了微软公司;马云发现电商的机遇成立了阿里巴巴;共享经济时代到来,戴威与4名合伙人创立ofo都属于机会型创业。

②**根据创业的项目分**

根据创业的项目，创业分为传统型、技术型。

■**传统型**。传统型多集中在一些传统劳动密集型行业，如餐饮、零售、建筑、装饰等。这些项目进入门槛较低，所需的技术和资金规模均较低。但正是由于进入门槛低，导致在这些传统行业中创业者众多，行业竞争十分激烈，创业企业倒闭率较高。

■**高新技术型**。高新技术型就是利用知识经济项目、高科技项目等进行创业，这些项目知识密集度高，带有前沿性。我国高新技术有空间科学和航空技术、地球科学和海洋工程技术、基本物质科学辐射技术和生态科学环境保护技术等11类。

③**根据创业的独立性分**

根据创业的独立性，创业分为自主型创业和从属型创业。

■**自主型创业**。自主型创业指创业者个人或团队白手起家进行创业。自主型创业大体上有两种方式：一是创新型创业，创业者通过提供有创造性的产品或服务来填补市场需求的空白，如前面提到的淘汰郎小火锅。二是模仿型创业，创业者根据自身条件学着别人创业。如小张在某大学创办了一个兼职中心，通过办理会员卡的方式为会员提供兼职信息来盈利，小李学习小张在另一所学校设立兼职中心，也是通过办理会员卡的方式来为会员提供兼职信息而盈利。

■**从属型创业**。从属型创业指创业者依赖某个具有影响力的企业来创业。从属型创业有两种方式：一是创办某个大企业的附属企业，附属企业做大企业的某个环节的业务或承揽大企业的外包业务；二是加盟连锁、特许经营，加盟某些高知名度的企业，利用该企业的品牌影响力和成熟的经营管理模式，如乡村基、华莱士等。

④**根据创业的主体分**

根据创业的主体，创业分为单独创业和合伙创业。

■**单独创业**。单独创业指创业者独立创办自己的企业，一般的个体户属于这种类型。单独创业的优势在于创业者个人拥有产权，企业利润归个人所有。企业由创业者自己掌控，创业者可根据自己的想法来经营管理企业，无须受他人束缚。但是，单独创业也须承担更多的风险和压力。

■**合伙创业**。合伙创业是指与他人共同创办企业，合伙创业的关键是找对合伙人。和单独创业相比，合伙创业具有共担风险、优势互补等优势，且团队力量大于个人力量。但合伙创业也面临一些挑战，如合伙人中途退出、合伙人之间产生利益冲突和在经营管理企业方面存在争执等。

1.3.3　创业的过程

创业者创业通常要经历四个阶段：发现和评估市场机会，确定创业项目、配置创业资源，注册成立新创企业，管理新创企业（见图1-7）。

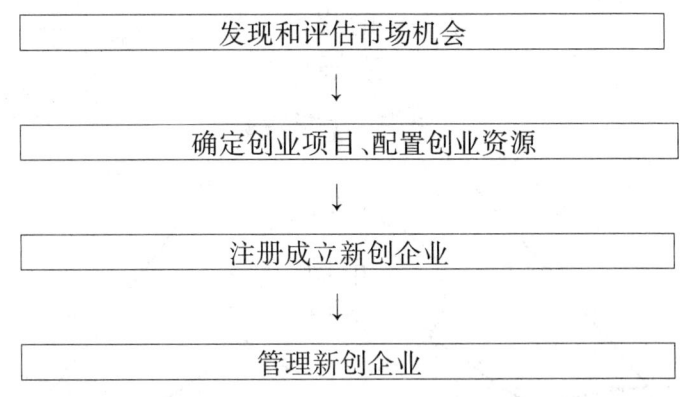

图 1-7 创业的四个阶段

第一阶段:发现和评估市场机会。发现和评估市场机会是创业的起点,关于市场机会的信息可能来源于消费者、营销人员或是专业技术人员,无论市场机会的信息来源于何处,都需要经过认真细致的评估。评估市场机会首先应了解创业环境,如政府的相关政策和项目。其次要把握市场,包括市场定位、市场结构、市场规模、市场渗透力、市场占有率和产品的成本结构六个方面。最后要了解和分析竞争者,例如现实和潜在的竞争者有哪些,竞争对手经营状况如何,竞争对手的发展方向是什么。现和评估市场机会将在本书第四章详细介绍。

第二阶段:确定创业项目、配置创业资源。在发现和评估市场机会后,要根据市场机会确定创业项目。判断创业机会是否适合自己的主要依据在于机会特征与个人特质是否匹配。确定创业项目后就寻找创业资源,创业需要人力、财力和物力资源,资源越多越好。创业者要知道如何用最少的资源来获取最多的资源,且合理利用这些资源,充分发挥资源的最大效用。还有如何在适当的时机获取适当的资源,如何有效组织交易。

第三阶段:注册成立新创企业。注册成立新创企业应了解企业注册的流程和费用、公司的形式、注册公司所需的资料、注册企业相关的法律问题和新企业选址的策略和技巧等。注册成立新创企业将在本书第八章详细介绍。

第四阶段:管理新创企业。企业的发展一般都会经历初创期、成长期和成熟期,创业者应该根据创业的不同阶段采取不同的策略和管理方式,确保所创事业健康发展,同时将创新思维用于企业管理中。具体内容将在本书第九章详细介绍。

1.3.4 创业的四个关键环节

创业的四个关键环节是识别市场机会,确定商业模式;资源配置;市场竞争;企业发展(见图 1-8)。

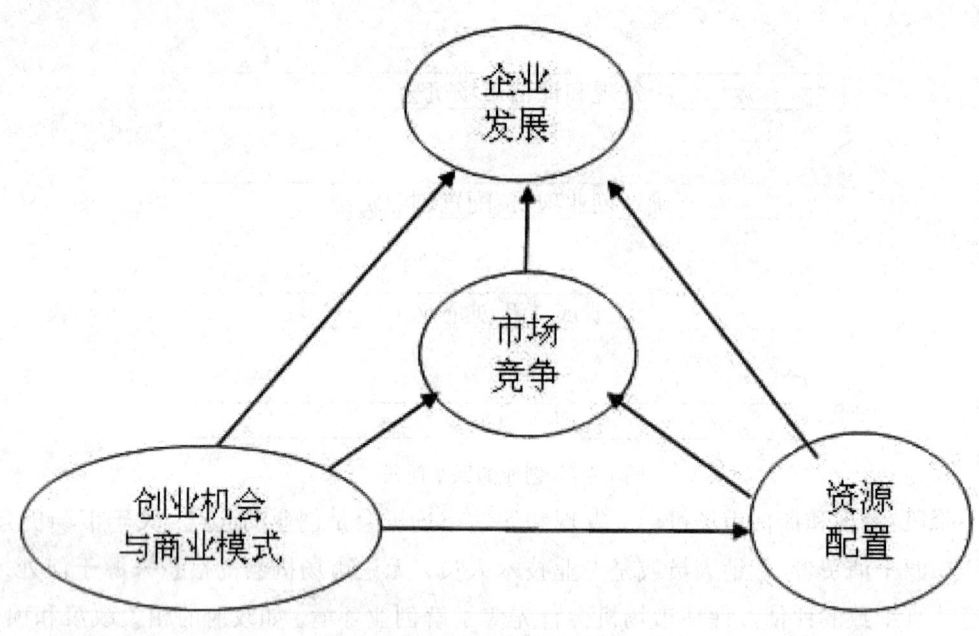

图1-8 创业的四个关键环节

①**识别市场机会,确定商业模式**

识别市场机会是创业的起点,作为识别和评估市场机会工作的一部分,创业者必须思考和设计出切实可行、完整的商业模式。如何识别评估市场机会,怎样构建商业模式,本书第四章将会详细介绍。

②**资源配置**

"巧妇难为无米之炊",在创业过程中,如果创业者没有足够的资源,新创企业将难以持续发展。资源包括有形资源和无形资源两种,有形资源如人才、资金和客户等,无形资源如知识、品牌和人脉等。其中人才、资金和客户是企业的三大核心资源,人才可以帮助创业者迅速组建团队并投入工作中,足够的资金和客户可以帮助创业者顺利开展业务和销售产品。

有了足够的资源后,关键是对资源进行合理的配置。在人员安排上,应根据经济效益、任人唯贤、因事择人和量才使用的原则,避免人浮于事和大材小用等现象出现。在资金分配上,应把握"六三一"黄金比例,即将60%的资金用于开办成本,30%的资金用于营运费用,剩余的10%作为紧急备用金。在客户维护上,要重视客户沟通和关怀,同时提供高质量的产品和服务并保证高效的执行力,以维护老客户发展新客户。

③**市场竞争**

新创企业首要的问题是在激烈的市场竞争中活下来,因而要采取灵活有效的市场竞争策略,参与市场竞争。市场竞争策略是指企业依据自己在市场中的地位,为实现竞争战略和适应竞争形势而采用的具体行动方式。企业在市场上的竞争地位,大致可以分为四种:市场领先者、市场挑战者、市场追随者和市场拾遗者。一般而言,新创企业规模小资源少,在市场中处于追随者和拾遗者的地位。

在市场竞争中，市场领先者为保护自己在市场上的领先地位和利益，通常会采取创新发展、筑垒防御和直接反击等策略。市场挑战者为提高自己的市场份额和竞争地位，通常会采取价格竞争、产品竞争、服务竞争和渠道竞争等策略。市场追随者和市场拾遗者所占市场份额较小，不能贸然地向市场领先者和挑战者发起攻击。市场追随者可以采用仿效跟随、差距跟随和选择跟随等策略，根据自身特点，模仿其他企业，来获得部分市场份额。市场拾遗者则采取市场专门化、顾客化专门和产品专门化等策略，即以小众市场为市场，向它们提供有别于其他企业的产品和服务，来满足小部分目标客户的需求。

④企业发展

创业的目标是把企业做大做强，实现企业的可持续发展。一般而言，企业发展会经历初创期、成长期、成熟期和持续成长期（或衰退期）四个阶段，创业者应明确企业发展处于哪个阶段，采取相应的对策促进企业发展。

处于初创期的企业，企业组织混乱，流程不正规，人员较少，企业中某个核心人物起关键作用。这个阶段应实行"人治"，通过"人治"来降低管理成本提高办事效率。

处于成长期的企业，企业规模较大，人员增加，业务范围不断扩展，组织机构相应扩大，内部分工越来越细，企业文化逐渐形成。这个阶段应实行"法治"，即建立健全各项规章制度，以法治人，同时加强部门间的协调，促进组织均衡成长。

处于成熟期的企业，企业的成长性和竞争性达到均衡状态，这个时期，企业会向三个方向发展：一是经过短暂的繁荣后进入衰退期；二是企业不断微调，尽量延长这一时期；三是进行企业改革，进入新一轮的增长期。

不管企业处于发展的哪个阶段，创新贯穿企业发展的始终。在企业发展的各个阶段，企业都要进行产品创新、市场创新、管理创新和商业模式创新等。创新是企业发展的动力，只有不断创新，才能使企业永葆活力。

1.4 创意、创新与创业的关系

马云与阿里巴巴

马云在回国前去西雅图看他的朋友，在此马云第一次接触了互联网。他好奇地对朋友说在搜索引擎上输入单词"啤酒"，结果只找到了美国和德国的品牌。当时他就想应该利用互联网帮助中国的公司为世界所熟悉。在开办"中国黄页"、开发外经贸部官方站点和网上中国商品交易市场等一系列政府站点后，马云决定回杭州创办一家能为全世界中小企业服务的电子商务站点。

随后，马云从别人手里买下了阿里巴巴这个域名。马云曾描述自己的创意：雅虎利用自己的内容去影响用户的消费倾向和习惯，用户有了需求之后就可以去淘宝上交易，货源则从阿里巴巴上获得，支付宝则是一切交易的支付平台。后通过一系列措施实现他的电子商务王国布局，即阿里巴巴 B2B（企业间交易平台）主力战舰和淘宝网（C2C 个人交易平台）、支付宝（第三方支付平台）、雅虎中国（门户和搜索引擎）三艘精锐战舰。2014 年 9 月 19 日，阿里巴巴集团在纽约证券交易所正式挂牌上市。2016 年 4 月 6 日，阿里巴巴正式宣布已经成为全球最大的零售交易平台。美国权威杂志《Business 2.0》最具影响力商界人士评选不以财富多寡或个人知名度而定，而是取决于创新意念、独到眼光以及所推产品使人类现在以至未来可能产生的改变。该杂志公布的全球 50 最具影响力商界人士排行榜中，马云排名第 15 位，比盖茨高出 6 位，是大陆地区唯一入选企业家。

纵观马云的创业历程，他正是发现互联网的巨大商机，产生创办一家能为全世界中小企业服务的电子商务站点的想法，然后将想法具体化，实现他的电子商务王国布局，最后使阿里巴巴成功上市，创造出无限价值。

文献来源：根据相关资料整理而成

1.4.1 创意是创新的前提，创新是创意的成功实施

创意就是产生一个新且有用的想法，创新就是创造一种新的事物。创意相当于哲学上正确的意识，正确的意识能指导实践。同理，创意能指导创新，创意是创新的基础。有了创意，创新则成竹在胸。当一个好的想法明确之后，必须按照一定的方法来分析以确定它是否能成为一个新产品或一项新服务的基础。创新就是第一次将新想法具体化，评估想法是否具有实施价值，如有则产出原创模型。简而言之，创新就是新想法的成功实施。离开了创新，创意只能停留在纸上、嘴上或大脑中，永远不能成为现实的东西。

1.4.2 创新是创业的基础，创业推动创新

科学技术、思想观念的创新能促进人们生产和生活方式发生变化，从而产生新的消费需求；有需求的地方就有市场，有市场的地方就有机会。所以，创新为创业者提供了创业机会，创新是创业的基础。同时，创业是一种创新性的实践活动，无论是何种类型的创业，都体现了创业者的自主行为，都发挥了创业者的主观能动性和创新精神。创新是企业发展的动力，为了使企业不断发展，占据更多的市场份额，创业者必须不断创新，向市场推出新产品或新服务，从而进一步推动和深化创新。

1.4.3 创新的价值在于创业，创业使创新成果市场化

创新的价值在于将潜在的想法、知识、技术和市场机会等转化为生产力，实现社会财富增加，而实现这种转化的途径是创业。创新者不一定是创业者，但创新成果须由创业者推向市

场,创业者将创新成果转化为现实的产品推向市场,使其潜在价值市场化,进而在市场上创造价值,增加社会财富。科技创新成果也须由创业者推向市场,使科技创新成果转化为现实的生产力。

1.4.4 创新创业都离不开创意

创意产生新想法,创新则将新想法实施产生原创模型,创业将创新成果转化为产品推向市场,使创新成果市场化。因此,任何创新创业都离不开创意。创新创业者在创新创业过程中,需要不断地产生灵感和新想法,才可能产生新的方案和思路,思路决定出路,最终获得创新和创业的成功(见图1-9)。

图1-9 创意、创新和创业的关系链

本章小结

①创意就是产生一种新颖且有用的想法,有功能整合型、环境协调型、极限深入型、分化投射型和外围拓展型五种。

②创新即创造新的事物,其核心是突破,本质是"新"。根据创新的内容,可将创新分为理论创新、技术创新、制度创新、文化创新和商业模式创新。根据创新的程度,可将创新分为渐进式创新和突破式创新。根据创新的原创性,可将创新分为原创性创新和模仿性创新。创新的过程分为准备、思考、顿悟和验证四个阶段。

③创业即创业者通过捕捉和识别商机,利用已有的资源来提供一定的服务或产品,以创造并增加价值的过程。根据创业的动机,创业分为生存型创业和机会型创业。根据创业的项目,创业分为传统型和技术型。根据创业的独立性,创业分为自主型创业和从属型创业。根据创业的主体,创业分为单独创业和合伙创业。

发现和评估市场机会,确定创业项目、配置创业资源,注册成立新创企业和管理新创企业是创业的四个阶段。识别市场机会、确定商业模式,资源配置,市场竞争和企业发展是创业的四个关键环节。

④创意、创新和创业三者的关系:创意是创新的前提,创新是创意的成功实施;创新是创业的基础,创业推动创新;创新的价值在于创业,创业使创新成果市场化;创新创业都离不开创意。

课后阅读

创业如同谈恋爱

①类型相似

创业和谈恋爱类型相似,冲动型和理智型是一种划分,专一和多元化又是一种划分。很多人是一时兴起、一时冲动开始创业,开始谈恋爱,另外一些人则相反;有些人专注于某个创业项目,有些人执着地追求一份爱情,而另外一部分人则在创业项目的取舍上毫无把握,什么都想要,什么都不想丢,好比谈恋爱,同时想追求好几位,难以取舍,结果哪个都想要,哪个都把握不住。

②目的相似

创业的目的很多,有的单纯为赚钱创业,有的为理想使命创业,有的为了摆脱贫穷被迫创业;谈恋爱的目的也很多,有的为了玩谈恋爱,有的为情感寄托责任谈恋爱,有的为结婚谈恋爱。动机都有是否单纯、高尚和无奈之分。

③动力相似

创业和谈恋爱都能激发人的原始激情,也更需要激情来促进其发展。当激情消退,创业转入了低谷,恋爱步入了危机。

④过程相似

创业和谈恋爱都不可能一帆风顺,需要认真策划、细心呵护、不断反省,也都会因钱发愁,常常会碰到危机,坚持才有结果。

⑤价值观相似

创业者期许开出百年老店,造福社会;恋爱者梦想结出百年好合,福荫子孙。

⑥匹配性相似

创业讲的是合适的人做合适的事,并在合适的时机去完成。谈恋爱讲的是性格相合,相互欣赏,彼此爱慕。

⑦机缘性相似

创业和谈恋爱都看缘分。每个人都会想着创业,但究竟创什么业,经营什么项目,这完全看运气和灵感,只有在特定的时间特定的环境才会让人产生特殊的创业想法。人谈恋爱几乎是必然的,但跟谁谈不可能预先设置好,一次偶然的邂逅,一次偶然的合作,都可能促成一段姻缘。

思考与测试

思考题

1. 打工和创业的优势和劣势分别是什么?
2. 创业前应做好哪些准备?

测试题:你离你的创业梦想有多远?

梦想总是要有的,万一实现了呢。一起来看看你离你的创业梦想有多远。

1. 你属于变动型星座(双子、处女、双鱼)? YES 跳第 2 题/NO 跳第 5 题

2. 谈到自己的三个优点,你可以不假思索地说出来? YES 跳第 3 题/NO 跳第 9 题

3. 你觉得送礼券比鲜花、巧克力实惠? YES 跳第 4 题/NO 跳第 8 题

4. 你属于本位型星座(山羊、天秤、巨蟹、白羊)? YES 你是第一型人物/NO 跳第 18 题

5. 你属于固定型星座(金牛、狮子、天蝎、水瓶)? YES 跳第 9 题/NO 跳第 6 题

6. 你希望拥有哪种度假方式? 充满异国情调的岛国海洋之旅跳第 7 题/可以边玩边充电的欧洲博物馆之旅跳第 11 题

7. 你觉得粉红色是浪漫的颜色? YES 你是第六型人物/NO 跳第 12 题

8. 你曾经尝试减肥,不过都没有成功过? YES 跳第 6 题/NO 跳第 10 题

9. 对于喜欢的异性,你会主动示好? YES 跳第 12 题/NO 跳第 11 题

10. 与人初次见面时,你会先看对方的眼睛? YES 跳第 14 题/NO 跳第 13 题

11. 你喜欢每件事都井然有序地进行,讨厌惊喜? YES 跳第 18 题/NO 跳第 19 题

12. 除非重要场合,不然你极少打扮? YES 跳第 16 题/NO 跳第 15 题

13. 你基本上不相信人性? YES 跳第 17 题/NO 跳第 15 题

14. 遇到他人骚扰,你通常能顺利运用技巧,让对方知难而退? YES 你是第三型人物/NO 跳第 22 题

15. 不喜欢的事,你会马上拒绝? YES 跳第 23 题/NO 跳第 14 题

16. 你喜怒形于色,很难隐藏情绪? YES 跳第 20 题/NO 跳第 21 题

17. 你是一个很容易感动的人? YES 你是第四型人物/NO 跳第 22 题

18. 你喜欢说话甚于倾听? YES 跳第 22 题/NO 跳第 16 题

19. 你会点下面哪一道甜点作为副食? 巧克力樱桃慕丝跳第 23 题/香草布丁派你是第八型人物

20. 你觉得门面的打理很重要? YES 你是第九型人物/NO 跳第 15 题

21. 你喜欢下列哪一种颜色组合? 浅灰加上粉红你是第十型人物/黑白对比色跳第 20 题

22. 你这一生中曾经历大的挫折? YES 你是第二型人物/NO 跳第 19 题

23. 你经常改变主意? YES 你是第五型人物/NO 你是第七型人物

结果分析

	梦想指数	成功指数
第一型	10	100
第二型	80	20
第三型	20	90
第四型	70	40
第五型	50	50
第六型	60	30
第七型	30	80
第八型	90	10
第九型	100	60
第十型	40	70

推荐书目

[1] 李伟,张世辉.创新创业教程[M].北京:清华大学出版社,2015.

[2] 张志,乔辉.大学生创新创业入门教程,北京:人民邮电出版社,2016.

参考文献

[1] 李伟,张世辉.创新创业教程[M].北京:清华大学出版社,2015.

[2] 萧潇.创意文案与营销策划[M].天津:天津科学技术出版社,2017.

第 2 章 创新思维训练

名人名言

思维自疑问和惊奇开始。

——哲学家、科学家、教育家 亚里士多德

思维世界的发展,在某种意义上说,就是对惊奇的不断摆脱。

——物理学家 爱因斯坦

我觉得坦途在前,人又何必因为一点小障碍而不走路呢?

——作家 鲁迅

学习目标

1. 了解创意的来源;
2. 掌握思维的概念、特点及形式;
3. 了解常见的思维障碍。

2.1 你的创意从哪里来

谁策划了"地球一小时"?

由世界自然基金会(WWF)发起的地球一小时(Earth Hour)活动 2017 年已经进入第十个年头。WWF 呼吁家庭和企业用户在每年 3 月最后一个周末,关掉非必要的照明工具一小时,以此表达大家对应对气候变化行动的支持。

如今,这项最早只是在澳大利亚悉尼发起的行动,每年可以吸引到 162 个国家和地区,超过 7000 个城市加入,人数规模将近 20 亿。

那么,这项堪称全球最大型的公众环保倡议活动究竟是如何兴起的?它的创意是从哪里来的呢?

故事的开始并没有想象中的引人入胜。当时是2004年,因为大堡礁珊瑚大面积死亡,澳大利亚人比地球上其他地区的普通人都更早地体会到气候变化带来的残酷影响。

作为世界自然基金会澳洲分部传播事务负责人,安迪·雷德里(Andy Ridley)一直在寻找一种传播方式,能让全球都来关注日趋严重的气候暖化问题。

不过,不管是花大价钱播出潸然泪下的电视广告,还是印发绚丽夺目的环保传单,雷德里的传播计划都无法引发普通人的注意,即使是在重灾区澳大利亚。

一连串谈不上成功的传播行动之后,雷德里从澳洲政党的竞选行动中得到了启发:但凡要推动社会变革,发起一场大型的社会运动,具有象征性作用的符号都必不可少。

"沉默的大多数"需要一个鲜明简单的概念,让他们容易辨识、轻松记忆,然后才有可能产生参与的冲动。

"我们希望这些符号和概念,都是传达正能量的,而不再是那些传统的惨兮兮的故事",雷德里说,"熄灯"的概念就这样突然出现在他的脑海里。那时已经是2006年了。

图2-1 地球一小时

对于这个灵感,他相当兴奋,立马找来了WWF澳洲分部的传播小分队,还叫上了当时帮WWF做广告创意的李奥贝纳广告团队,一起探讨以"熄灯"来呼吁公众减少能源消耗的可能性。雷德里说:"所有人都很喜欢这个点子,大家直接给它安上了'地球一小时'的名字。李奥贝纳团队除了表示要负责这个项目的广告创意外,还马上联系了澳洲最大传媒集团Fairfax的执行编辑,这让我们有机会在Fairfax集团的编辑大会上介绍我们的想法。"

当时的时机非常巧妙。美国前副总统戈尔参与拍摄的环保纪录片《难以忽视的真相》准备在三个月后播出,气候暖化问题正成为全球各地最热门的谈资。对Fairfax来说,WWF提出的概念,正是一个天上掉下来的好策划,他们决定让旗下的所有刊物都参与到这个名为"地球一小时"的活动中来。

澳大利亚最大媒体集团的加入,奠定了首次"地球一小时"获得巨大成功的基础。接着,当时的悉尼市市长Clover Moore也公开表示了支持,随后,以严谨著称的普华永道会计师事务所也同意参与行动。"这实际上是为'地球一小时'提供了背书。"

不过，即使这样，雷德里并没有对这项计划在2007年3月最后一个周末举行的活动有太大信心，他始终忘不了过去的失败，他最终选择让第一次"地球一小时"变成一个悉尼市的活动。"我忧心忡忡，感觉几乎要被压垮"，多年后他这样回忆那个晚上。当时针慢慢指向8:30，悉尼上空的灯开始一盏接着一盏熄灭，一开始，仿佛带着一点犹豫，后来就演变成义无反顾，然后，悉尼歌剧院、霓虹灯、摩天大楼和整个悉尼港都先后隐入一片暗影之中。

那一夜，220万悉尼人关掉了家里的灯，树立在闹市英王十字街上的巨型可口可乐广告牌也熄灭了自己的霓虹灯，这可是1973年以来的第一次，而很多摩天大楼，为了响应这次行动，甚至专门调整了自己的外墙照明开关系统。

陷入黑暗的悉尼在第二天登上了全球媒体的头版头条。WWF的"地球一小时"引起了全球关注。

资料来源：搜狐网，http://www.sohu.com/a/11227901_135647

案例讨论：地球一小时创意的来源是什么？

2.1.1 什么才是有创意？

创意的这个过程并不是毫无目的缺少价值的天马行空，也不是在脑海中进行的糟糕的现代舞，而是像作家约瑟夫·海勒（Joseph Heller）说的那样："它是受控制的白日梦，是有方向的冥想。"它是在单一商业目标驱动下的一种有序的想象。

举例来说，如果有人问你"13的一半是多少"，你会怎么回答？不同的人可能有不同的答案：

6.5；

1&3；

11&2（罗马数字XIII拆分为XI和II）；

8（XIII从中间横切一半便是VIII）。

通常情况下，我们会想到最直接的"6.5"，因为这正是所谓的标准答案。但有创意的人却不这么认为，他们还会去探索其他各种不同的可能。

一般来说，我们的思考方式是"重制的"，也就是会从过去的经验找类似的情况。比如上面的问题，我们往往会找一个曾经有用或者学到的答案。回想以前学校课堂上，老师告诉我们13的一半是6.5，我们就觉得这是一个绝对正确的答案。由于这样"基于过去"的法则很合理，我们对这些结论的正确性往往越来越自信，导致很多人不会再去思考其他的可能性。

相反，创意人士的思考方式则是"生产性"的。当面对问题时，他们会想："我可以有几种不同的方法看这件事？又有几种方法解决这件事？"而不是"以前有谁教过我什么？"在他们想出的好几种不同反应方式中，就往往会出现不寻常且独特的想法。

除了数学问题，生活中，只要善于探索其他不同可能，也处处充满创意。比如在设计自行车锁的过程中，除了在后轮安锁，还可以设计出一个无锁胜有锁的自行车：按下按钮，将车座放倒，卡住车后轮，设定密码后即可将车锁定。如图 2-2 所示。

图 2-2 创意自行车

2.1.2 创意的来源

(1) 创意源自想象力

创意源自想象力，缺乏创意的人往往会因为难以摆脱头脑里固有知识的影响，而导致想象力的发挥受到限制。爱因斯坦可谓智力超群，据说智商可达 160。他在世时，人们很是好奇，有人出题考他："您记得声音的速度是多少吗？"

爱因斯坦却回答说："不知道，我必须查一下书本资料才能回答，因为我从不去记资料上能查到的东西。"在他看来，解决问题依靠的是大脑的思维能力，而不是照搬书本，想象力比知识本身更重要。

(2) 创意源自生命中的热爱

无论什么样的年纪，只要我们找到了"生命中的热爱"，就能全心投入、创意无限，把自己的生命带到高处，而高处，心明眼亮、海阔天空。

(3) 创意源自整理自己

创意并非没有方法，每个创意的背后都有生命轨迹可循，重要的是，我们要不断地整理自己，以获得这个宝藏。在创业行为中，检查你的创业定位，寻找市场空隙；了解消费者，创业需要解决消费者痛点需求；了解你的竞争对手，是跟随还是创新。

(4) 创意源自观察

乔布斯在演讲时说过：创造力就是把不同的事物串联起来，有创意地思考着通过寻找两个事物之间的关联来产生想法。直到有人发现它们之间的联系之前，各个因素对于他们自己来说都是没有意义的。

当你发现事物之间的联系，你就有能力去创造与众不同的东西。怎样去发现事物的联系，需要不断观察、思考及总结。

(5) 创意源自不断学习

当你竭尽所能，每天都想学习或者尝试新事物的同时，创意已经尽显，很快它将成为一个习惯，富有创意的习惯让你的内心也会感觉很快乐！保持宽广的视野，你需要跳出自己的思维定式。想出了创意性的方式可以改变人的视角同时做出成熟的作品。毕加索经历了不同艺术风格的各个阶段，他有蓝色时代、玫瑰时代和超现实主义时期以及其他阶段。伴随时光他不断地发展。他通过改变自己的艺术风格来反映他感觉和体验的外部世界的情形。

2.1.3　创意形成方法：七个创意策略

在这个创意经济盛行的时代，我们要如何培养可贵的想象力？有位专门研究"发明性思考"的大师 Michalko 提出了 7 种"天才"常用的创意策略，我们可以用"周太太有一只猫，它的左眼看不见"的这个练习，来解释这 7 个策略。

策略一：从不同的角度看这个问题

"我是一只左眼看不见的猫，我的主人是周太太。"（从猫的角度）

策略二：可视化你的思考

把周太太与猫的关系画出来，然后看你可以从画面中看出什么——"周太太总是要从猫的右边喂它的猫，因为它的左眼看不见。"

策略三：把想法实作出来（在过程中找到启发）

把周太太与猫用黏土做出来，看看你又能得到什么——"周太太坐在椅子上，她的猫要用右侧身体才能跳上周太太的腿，因为它的左眼看不见。"

策略四：把东西组合在一起

"周太太的朋友都不喜欢去她家玩，因为他们都害怕那只独眼的猫。"

策略五：强迫一些不曾发生的关系

"周太太有次带她的猫去亲戚家玩，发现亲戚家的狗也只有右眼看得见，就像她的猫一样。"

策略六：逆向思考

"要是周太太的猫两眼都看得见，那周太太就不用这么辛苦地照顾它了。"

策略七：抽象化思考

"世人面对政治时，往往就像周太太的猫一样，总是一只眼看见，一只眼看不见。"

2.1.4　创意形成方法：奥斯本检核表九问法

除了培养创造性思维的七个天才创意策略，我们还必须了解被誉为"创意教父"的亚历克斯·奥斯本，他提出了一套奥斯本检核表法，检核表中有九个问题，帮助我们从九个不同的角度思考，强迫人们突破旧的思维框架，开拓创新思路。这里我们以手电筒为例，看看奥斯本检核表的九个问题,是如何帮助我们一步步打开手电筒的创新思路的。

表 2-1　奥斯本检核表法举例

问题序号	检验项目	引发的问题
1	能否他用	其他用途:信号灯、装饰灯
2	能否借用	增加功能:加大反光罩,增加灯泡亮度
3	能否改变	改一改:改灯罩
4	能否扩大	延长使用寿命:使用节电、降压开关
5	能否缩小	缩小体积:从1号电池到纽扣电池
6	能否替代	代用:使用发光二极管替代小电珠
7	能否调整	换型号:两节电池直排、横排,改变式样
8	能否颠倒	反过来想:不用干电池的手电筒,用磁电机发电
9	能否组合	与其他组合:带手电收音机、时钟等

通过这样的"九问",你是不是也有一种思路一下子被打开的感觉呢?

创新思维馆　　　　**詹姆斯·韦伯·杨的"创意生成五部曲"**

詹姆斯·韦伯·杨(James Webb Young),通才杂学的广告大师,广告创意魔岛理论的集大成者。生前任智威汤逊广告公司资深顾问及总监,是美国当代影响力最深远的广告创意大师之一,并于1974年荣登"广告名人堂"。他曾写下了以下的这个"创意生成五部曲"。

1. 尽可能多地收集与主题相关的信息,然后通读这些信息,画画重点,提几个问题,去工厂看看。
2. 坐下来,积极地向问题进攻。
3. 停下手上的所有工作去干点别的,但在潜意识里继续处理这些问题。
4. "我找到答案了!"
5. 想想怎样实现你的创意。

资料来源:路克·苏立文.文案发烧[M].北京:中国人民大学出版社,2010.

2.2　思维的特征及形式

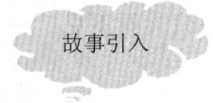

上海商场设"老公存放处"

随着网购的普及,实体经济的压力越来越大。相比网购的方便与快捷,实体经济必须要拿出"看家本领"才能让顾客回心转意。

图 2-3

中国上海的一家商场为了给丈夫们提供更好的"陪逛"体验，在商场里设置了"老公存放处"。这个"存放处"实际上就是一个小型游戏厅，房间里有椅子、电脑和游戏机。丈夫们可以在妻子逛街时，尽情享受游戏的美好。

图 2-4

一位吴先生在接受采访时表示，相比其他购物中心，这家设有"游戏厅"的商场是他陪妻子逛街时的首选，这样他就不用再被妻子拽来拽去！深圳也有多家商场设置体验馆和互动厅，从而可以让顾客获得网购无法提供的"购物前体验"。

图 2-5

实体经济近年来可谓是"压力山大"，各购物中心、商场之间的竞争越来越激烈。无论是"老公存放处"，还是互动展厅，都不失为实体经济杀出网购重围的一种方式。

资料来源：头条号"木融宝财经"

2.2.1 思维的概念

思维和感觉、知觉一样,是人脑对客观现实的反映。感觉和知觉是人脑对客观现实的直接的反映,这种反映是我们的感觉器官直接与外界事物相联系着的,是对事物个别属性、事物的整体和外部联系的反映。它是认识的感性阶段或叫认识的低级阶段。

思维则是对客观事物的间接的、概括的反映,它反映的是客观事物的共同的、本质的特征和内在联系。思维是人类所具有的高级认识活动。按照信息论的观点,思维是对新输入信息与脑内储存知识经验进行一系列复杂的心智操作过程。人类的思维是在认知的基础上进行的,即在感知的基础上产生和发展起来的。

例如,我们拿一杯热水,能感觉杯子很烫,这是触觉给大脑传递的信息,是直接的;但是根据已有的知识,我们知道之所以杯子很烫手是因为"杯子温度高于生态表面温度,摸到杯子会刺激手指神经,大脑会自动地做出反应",这个过程是间接的,也就是所谓的思维。

2.2.2 思维的特征

(1) 概括性与间接性

概括性是思维最显著的特性。概括是思维活动的速度、灵活迁移程度、广度和深度、创造程序等智力品质的基础。概括性越高,知识性越强,迁移越灵活,一个人的智力和思维能力、创造能力就越发达。

间接性就是思维凭借知识经验对客观事物进行间接反映。正是由于思维的间接性,人类才可能超越感知觉提供的信息,通过"去粗取精、去伪存真、由此及彼、由表及里"的思维活动,认识事物不直接作用于人的感官的各种属性,揭露事物的本质规律,预见事物的发展变化。

(2) 逻辑性和形象性

逻辑性反映出思维是一种抽象的理性认识,表明思维过程有一定的形式、方法和规律。

形象性指思维常借助形象化的材料来进行,形象既是思维的载体,也是思维的工具。

大多数情况下,思维活动常是逻辑性与形象性共同起作用。

(3) 统一性和差异性

统一性指思维的人类性和普遍性。英国思维学家德波诺对不同民族的思维比较后指出:在直接受业于他的思维进行训练的十几万人中,尽管在年龄、能力、兴趣、种族、民族和社会文化背景等方面有很大的不同,但在最基本的思维层次上,反应却惊人地一致。

人类思维能力最基本的东西是一致的,但并不是说人与人之间在思维上就没有差别。恰恰相反,每个人深层上的思维常常有很大的不同。差异性包括民族差异性、文化差异性和个体差异性。对于个体而言,思维差异性具有更重要的意义,它有助于个体认识自己的思维,选择恰当的思维训练形式和方法。

(4) 历史性与现实性

思维的历史性表现为人类思维总体发展的历史性和某种思维发展的历史性两方面。总的来看，人类思维的发展越来越抽象化、精确化、系统化、多样化、模式化。思维的历史性提醒人们既不能固守传统思维模式，也不能割裂历史。

思维的现实性要求我们认清当代社会发展的趋势，在选择思维训练的内容与形式、类型和方法时，充分考虑现实的要求，扬弃传统的思维方式并努力培养新型的现代化的思维方式和方法。

(5) 言语性

思维的工具是语言。思维是在语言材料基础上进行的(辞海)，思维的每一步都离不开概念(词)，言语是思维的外壳，是思维的载体。思维不是借助于声音和写在纸上的外部语言，而是靠在心里默默进行的内部言语实现的。

2.2.3 思维的一般过程

思维是以感觉、知觉、表象提供的材料为基础，并通过分析、综合、比较、抽象、概括等过程要素完成的。

分析与综合是最基本的思维活动。分析是指在头脑中把事物的整体分解为各个组成部分的过程，或者把整体中的个别特性、个别方面分解出来的过程；综合是指在头脑中把对象的各个组成部分联系起来，或把事物的个别特性、个别方面结合成整体的过程。分析和综合是相反而又紧密联系的同一思维过程不可分割的两个方面。没有分析，人们则不能清楚地认识客观事物，各种对象就会变得笼统模糊；离开综合，人们则对客观事物的各个部分、个别特征等有机成分产生片面认识，无法从对象的有机组成因素中完整地认识事物。

比较是在头脑中确定对象之间差异点和共同点的思维过程。分类是根据对象的共同点和差异点，把它们区分为不同类别的思维方式。比较是分类的基础。比较在认识客观事物中具有重要的意义。只有通过比较才能确认事物的主要和次要特征、共同点和不同点，进而把事物分门别类，揭示出事物之间的从属关系使知识系统化。

抽象是在分析、综合、比较的基础上，抽取同类事物共同的、本质的特征而舍弃非本质特征的思维过程。概括是把事物的共同点、本质特征综合起来的思维过程。抽象是形成概念的必要过程和前提。

在社会实践活动过程中，人们遭遇各种问题，思维过程就体现在对各类问题的解决过程中。解决问题的思维的一般过程，可分为发现问题、分析问题、提出假设、假设检验四个步骤。思维都是从问题开始的，在人类社会生活的各个领域都存在问题，在详细占有资料的基础上，通过全面的深入分析研究，找出问题的核心，从而找到解决问题的原则、方法和途径。通常以假设的形式出现。验证假设一是直接通过有关的实践活动或实验，来判断某一假设的真伪；二是通过智力活动来检查，即依据间接的实践结果来推论假设的真伪。

提出问题、分析问题、提出假设、验证假设这四个阶段并不是截然分割的，有时是交错地进行着的。

2.2.4 创造性思维形式

(1) 发散思维

①定义

发散思维(Divergent Thinking)，又称辐射思维、放射思维、扩散思维或求异思维，是指大脑在思维时呈现的一种扩散状态的思维模式，以某一问题为中心，沿着不同方向、不同角度向外扩散的一种思维方法，它表现为思维视野广阔，思维呈现出多维发散状。如"一题多解""一事多写""一物多用"等方式，培养发散思维能力。不少心理学家认为，发散思维是创造性思维最主要的特点，是测定创造力的主要标志之一。

②特征

发散思维具有流畅性、灵活性、原创性等特征。流畅性是指迅速生成多个观点或解决方式的能力；灵活性是指同时设想多种解决问题的途径的能力；原创性是指想出大多数人想不到的观点的能力，其成果新颖、独特和稀有。

③发散思维的角度

在发散性思维训练的过程中可以使用头脑风暴法集思广益，利用思维导图将思维可视化。一般从材料、功能、结构、形态、组合、方法、因果等角度进行发散。

材料发散法——以某个物品尽可能多的"材料"，以其为发散点，设想它的多种用途。

功能发散法——从某事物的功能出发，构想出获得该功能的各种可能性。

结构发散法——以某事物的结构为发散点，设想出利用该结构的各种可能性。

形态发散法——以事物的形态为发散点，设想出利用某种形态的各种可能性。

组合发散法——以某事物为发散点，尽可能多地把它与别的事物进行组合生成新事物。

方法发散法——以某种方法为发散点，设想出利用方法的各种可能性。

因果发散法——以某个事物发展的结果为发散点，推测出造成该结果的各种原因，或者由原因推测出可能产生的各种结果。

④发散思维的形式

发散思维有立体思维、平面思维、逆向思维、侧向思维、横向思维、组合思维等形式。

立体思维思考问题时跳出点、线、面的限制，立体式进行思维，如立体农业中玉米地种绿豆等。平面思维以构思二维平面图形为特点的发散思维形式。逆向思维从相反方向思考问题的方法，如化学能能产生电能，据此意大利科学家伏特1800年发明了伏打电池。反过来电能也能产生化学能，通过电解，英国化学家戴维1807年发现了钾、钠、钙、镁、锶、钡、硼等七种元素。侧向思维从与问题相距很远的事物中受到启示，从而解决问题的思维方式。横向思维相对于纵向思维而言的一种思维形式。纵向思维是按逻辑推理的方法直上直下的收敛性思维。

而横向思维是当纵向思维受挫时,从横向寻找问题答案。组合思维是从某一事物出发,以此为发散点,尽可能多地与另一(或一些)事物联结成具有新价值(或附加价值)的新事物的思维方式。

(2)收敛思维

①定义

收敛思维也叫作"聚合思维""求同思维""辐集思维"或"集中思维",是指在解决问题的过程中,尽可能利用已有的知识和经验,把众多的信息和解题的可能性逐步引导到条理化的逻辑序列中去,最终得出一个合乎逻辑规范的结论。

收敛思维也是创新思维的一种形式,与发散思维不同,发散思维是为了解决某个问题,从这一问题出发,想的办法、途径越多越好,总是追求还有没有更多的办法。而收敛思维也是为了解决某一问题,在众多的现象、线索、信息中,向着问题一个方向思考,根据已有的经验、知识或发散思维中针对问题的最好办法去得出最好的结论和最好的解决办法。

②特征

收敛思维具有向心性、连续性和求实性等特征。收敛思维把许多发散思维的结果从四面八方集中起来,选择一个合理的答案。发散思维的过程,是从一个设想到另一个设想时,可以没有任何联系,是一种跳跃式的思维方式,具有间断性。收敛思维的进行方式则相反,是一环扣一环的,具有较强的连续性。发散思维所产生的众多设想或方案,一般来说多数都是不成熟的,也是不实际的,我们也不应对发散思维做这样的要求。对发散思维的结果,必须进行筛选,收敛思维就可以起这种筛选作用。被选择出来的设想或方案是按照实用的标准来决定的,应当是切实可行的。这样,收敛思维就表现了很强的求实性。

③收敛思维的思考方法

1)辏合显同法

就是把所有感知到的对象依据一定的标准"聚合"起来,显示它们的共性和本质。例:我国明朝的时候,江苏北部曾经出现了可怕的蝗虫,飞蝗一到,整片整片的庄稼被吃掉,人们颗粒无收……徐光启看到人民的疾苦,想到国家的危亡,毅然决定去研究治蝗之策。他搜集了自战国以来两千多年有关蝗灾情况的资料。

2)层层剥笋法(分析综合法)

我们在思考问题时,最初认识的仅仅是问题的表层(表面),因此,也是很肤浅的东西,然后,层层分析,向问题的核心一步一步地逼近,抛弃那些非本质的、繁杂的特征,以便揭示出隐蔽在事物表面现象内的深层本质。

3)目标确定法

确定搜寻目标(注意目标),进行认真的观察,做出判断,找出其中的关键,围绕目标定向思维,目标的确定越具体越有效。

4)聚焦法

聚焦法,就是人们常说的沉思、再思、三思,是指在思考问题时,有意识、有目的地将思维过程停顿下来,并将前后思维领域浓缩和聚拢起来,以便帮助我们更有效地审视和判断某一事件、某一问题、某一片段信息。由于聚焦法带有强制性指令色彩,其一,可通过反复训练,培养我们的定向、定点思维的习惯,形成思维的纵向深度和强大穿透力,犹如用放大镜把太阳光持续地聚焦在某一点上,就可以形成高热。其二,由于经常对某一片段信息、某一件事、某一问题进行有意识的聚焦思维,自然会积淀起对这些信息、事件、问题的强大透视力和溶解力,以便最后顺利解决问题。

④收敛思维与发散思维的区别

1)思维指向相反

收敛思维是由四面八方指向问题的中心,发散思维是由问题的中心指向四面八方。

2)两者的作用不同

收敛思维是一种求同思维,要集中各种想法的精华,达到对问题的系统全面的考察,为寻求一种最有实际应用价值的结果而把多种想法理顺、筛选、综合、统一。发散思维是一种求异思维,为在广泛的范围内搜索,要尽可能地放开,把各种不同的可能性都设想到。

收敛思维与发散思维是一种辩证关系,既有区别又有联系,既对立又统一。没有发散思维的广泛收集、多方搜索,收敛思维就没有了加工对象,就无从进行;反过来,没有收敛思维的认真整理、精心加工,发散思维的结果再多,也不能形成有意义的创新结果,也就成了废料。只有两者协同动作,交替运用,一个创新过程才能圆满完成。

(3)逆向思维

①定义

逆向思维也称逆反思维,是与正向思维或常规思维相反的方向,即以对立、颠倒、逆转方面等方式去认识问题或寻求解决问题的思维或方案。简单地说,逆向思维是从相反的方向去思考问题,探寻解决问题的方向。逆向思维在现实生活中作用十分广泛,是创造性思维中最重要的形式之一。

②逆向思维形式

在实践中,采用的逆向思维形式主要有时序逆向、原理逆向、结构逆向、功能逆向、性能与方向逆向。

时序逆向就是从时间顺序上进行逆向思维。如现在常见的反季节农产品生产。

原理逆向指从事物的原理的相反方向进行逆向思维。1829年奥斯特通过对电流产生磁效应原理的逆向思维,发明出世界上第一台以磁场发电的发电机,这是原理逆向思维的典型例子。

结构逆向就是从已有的事物的机构方式,从固体与液体、空心与实心、冷与热等所进行的逆向思维。如1928年兰米尔通过用"充实"氮气的逆向灯泡改进思路而一举推翻了当时主流的"真空"灯泡改进思路,并因其在充气灯泡的发明和对高温低压下化学反应的研究等做出突出贡献而荣获帕金奖。

功能逆向就是指从已有事物的相反功能,去设想和寻求解决问题的新途径,从而获得新的创造发明。

性能与方向逆向是指从与事物性能或方向相对立的方面,进行反向思维创新。如1968年苏联工程师米哈依尔在通过对"往上发射"航天火箭的逆向思维,成功发明了"往下发射"的钻井火箭。

(4)变通思维

①定义

变通思维是指从一个方向思考问题容易陷入困境,如果变通一下思维,从另一个角度思考问题,往往能够得到意外收获的思维方式。人们常以"穷则变,变则通""随机应变""举一反三"等来形容一个人思维的变通性。

②变通思维的类型

变通思维有多种形式和内容,从思维方向划分,有顺势变通、逆势变通和迂回变通三种;从思维信息来源和范围划分,有借势变通和造势变通两种。

1)顺势变通

在解决问题的过程中,充分利用已有的全部信息和条件,人的思维沿着事物发展的方向进行发散,从而寻求问题解决的办法,这就是顺势变通。顺势变通讲究"大势"的作用,如时机、人气等各种主客观条件,在原有的事物运行轨道上进行量的增减扩缩,促使事物的内涵、功能、作用等方面产生飞跃,从而达到既定目的,甚至使事物的质也发生一定的变化。

2)逆势变通

在解决问题的过程中,充分利用已有的全部信息和条件,人的思维朝相反的方向发散,寻求问题解决的办法,这就是逆势变通。从内容上,有位置颠倒、角色颠倒、表达顺序颠倒、观点颠倒、输赢颠倒、作用颠倒、方式颠倒、程度颠倒、动静颠倒、过程颠倒、因果颠倒、主次颠倒等。

3)迂回变通

在知己知彼的基础上,明确主客观条件,如果不宜单纯采取正面或逆反的策略,就必须应对与外部的多重关系,采取迂回曲折的方法,利用、改变或者创造外部条件,间接作用于对手,这就是迂回变通。

(5)组合思维

①定义

组合思维是由两种或多种思路的旁路相交引出思路的思维形式。《孙子兵法》有云:"五味之变，不可胜尝也"，指的就是酸、甜、苦、辣、咸五种可以搭配无数的美味佳肴。

②组合思维的类型

1）同类组合

同类组合是若干相同事物的组合。参与组合的对象在组合前后基本原理和结构一般没有根本的变化。往往具有组合的对称性或一致性的趋向。如双向拉锁、鸡尾酒、双排订书机、多缸发动机等。

2）异类组合

异类组合是两种或两种以上不同领域的技术思想的组合、两种或两种以上不同功能物质产品的组合。参与组合的对象从意义、原子、构造、成分、功能等任一方面和多方面互相渗透，整体变化显著。异类组合是异类求同的创新，创新性很强。

创新思维馆　　　　　　　　　"葫芦飞雷"

我国云南哀牢山彝族将火药、铅块、铁矿石渣、铁锅碎片等物放入一个掏尽籽的干葫芦里，在葫芦颈部塞入火草作为引火物，把葫芦装进网兜。这就是一个异类组合创造——"葫芦飞雷"。"葫芦飞雷"被称为世界上最早的手榴弹。被组合的东西（火药、铅块、铁矿石渣、铁锅碎片等物）是旧的，组合的结果（"葫芦飞雷"）是新的。把旧变新、由旧出新这就是创造。

3）重组组合

重组组合就是在事物的不同层次分解原来的组合，然后再按照新的目标重新安排的思维方式。如飞机的螺旋浆装在尾部就是喷气式飞机，装在顶部则为直升飞机。

4）共享与补代组合

共享组合是指把某一事物中具有相同功能的要素组合到一起，达到共享之目的。例如吹风机、卷发器、梳子共用同一带插销的手柄。

补代组合是通过对某一事物的要素进行摒弃、补充和替代，形成一种在性能上更为先进、新颖、实用的新事物。如拨号式电话改为键盘式、银行卡代替存折。

5）概念组合

概念组合就是以词类或命题进行的组合。例如绿色食品、阳光拆迁、阳光录取、音乐餐厅等。

6）综合

综合是指为了完成重大课题，在已有的学科、原理、知识、方法、技术不能解决时，创造出新的学科、新的原理、新的方法和新的技术，并对其进行重新组织和安排的思维过程。

创新思维馆　　　　　　　　美国"阿波罗"登月计划

肯尼迪召集美国各有关部门头脑们商量对策，宣布："美国最终将第一个登上月球。"1961

年5月25日,肯尼迪在题为"国家紧急需要"的特别咨文中,提出在10年内将美国人送上月球。他说,"我相信国会会同意,必须在本10年末,将美国人送上月球,并保证其安全返回","整个国家的威望在此一举"。于是,美国宇局制订了著名的"阿波罗"登月计划。

阿波罗是古代希腊神话传说中的一个掌管诗歌和音乐的太阳神,传说他是月神的同胞弟弟,曾用金箭杀死巨蟒,替母亲报仇雪恨。美国政府选用这位能报仇雪恨的太阳神来命名登月计划,其心情可想而知。

在美国宇航局组织下,动员了2万多家厂商,120多个高等院校和科研所,400多万人参加,开发项目1300多个,共耗资250亿美元,历时9年,整个系统共使用300多万个零部件。

创新思维馆

大家都知道,色彩不仅仅是一种感官上的体验,还是一种心理、一种内心情绪的表达。比如,黑色给人带来铁面无私、刚正的感觉,黄色给人带来明亮、有价值的感觉。而据说黄黑色的搭配是人类潜意识中第一时间会注意到的颜色,这个符号的特点就是非常非常"抢眼",就像下面这组我们在生活中经常看到的图:

图2-6

但是如果你认为警戒、提示是黄黑条纹的全部,就大错特错了,这个来自大自然的超级符号又是原始、自然、时尚的代表,不相信就跟着创意君一起来看看吧!

最安全——东京防灾手册

图2-7

继续延续黄黑条纹警示的作用,这本《东京防灾手册》严肃中又有着些许俏皮。

最安全——蜜蜂出行共享电动车

图 2-8

醒目又安全,每一件和安全相关的事情,都忘不了黄黑条纹。

最甜蜜——美汁源 淳萃柠包装

图 2-9

美汁源淳萃柠的新包装堪称逆天,有人评价,蜜蜂身上黄黑条纹的出现比放一座花园在上面要甜蜜得多。可见这个来自人类集体潜意识的符号发挥出了巨大的能量。

最时尚——校服领带、领结

图 2-10

你们觉得黄黑条纹严肃又原始？当然不是，在韩国的 lila 艺术高中，大胆地采用了黄黑条纹的符号作为校服的领带和领结，甚至在时尚界引起了不小的风潮。有没有感觉时尚时尚最时尚？

最醒目——球衣

图 2-11

作为一个除了看世界杯且只从半决赛看起的群众，创意君再见到多特蒙德的球衣时，也被黄黑军团深深折服——当然是因为衣服太抢眼！遍布全身的黄黑条纹一出场，全场都黯然失色了。

最醒目——大黄蜂

图 2-12

话说做了这么多铺垫，终于到了让创意君心脏炸裂的部分——无数汽车人中醒目酷炫到炸裂的大黄蜂强势登场！

说实话，除了大黄蜂，其他汽车人的颜色总是让人看了就忘，尤其在混战中更是看不清楚，这时候黄黑条纹的力量就无法隐藏了。

资料来源：微信公众号"华与华"

1. 以材料、功能、结构、形态、组合、方法和因果等为"发散点"，结合某一颜色设计一款饮料产品。
2. 运用收敛思维方式，结合为讨论形成饮料产品设计包装。
3. 运用逆向思维、变通思维、组合思维方式为产品制定一次营销活动方案。

2.3 常见的思维障碍

心算家伯特·卡米洛的故事

伯特·卡米洛从来没有失算过。这一天他做表演时,有人上台给他出了道题:"一辆载着283名旅客的火车驶进车站,有87人下车,65人上车;下一站又下去49人,上来112人;再下一站又下去37人,上来96人;再再下一站又下去74人,上来69人;再再再下一站又下去17人,上来23人……"

那人刚说完,心算大师便不屑地答道:"小儿科!告诉你,火车上一共还有——"

"不,"那人拦住他说,"我是请您算出火车一共停了多少站口。"

阿伯特·卡米洛呆住了,这组简单的加减法成了他的"滑铁卢"。

资料来源:美文网

人们由于经验的积累、知识的增加,会对常见的事物或问题有一种熟悉的认识和解法,形成个人一种固定的思考模式,即思维障碍或者思维定式、思维习惯等。

思维障碍产生具有一定的要素与条件特征,主要来自从众、经验、权威和书本等。

2.3.1 习惯型思维障碍

习惯性思维障碍,又称思维定式。思维定式是随着人的知识、经验的积累,形成了一定的思考问题、解决问题的习惯方式。思维定式对解决一般问题、老问题是有效的,但对新问题而言,往往就成了障碍。举例如下:

请你回答:

(1)用两个阿拉伯数字1能组成的最大数字是什么?

(2)用三个1能组成的最大数字是什么?

(3)用四个1能组成的最大数字是什么?

如果题(1)你回答是11,那么你答对了。如果题(2)你回答是111,那么你又答对了。如果题(3)你回答是1111,那么对不起,你答错了。这里你就犯了习惯性思维的错误。尽管用两个、三个1时你都答对了,但是你接着按照前面的方法去答,以为把1前后排列起来总能获得正确的答案,那就是被自己误导了。正确答案应当是11的11次方。

2.3.2 直线型思维障碍

直线型思维障碍是指死记硬背现成答案,生搬硬套现有理论,不善于从侧面、反面或迂回地去思考问题。客观世界是复杂的,直线型的思维方式对解决稍微复杂一些的问题帮助不大,甚至可能起阻碍作用。要想巧妙地解决问题，要想出奇制胜，就必须克服直线型思维障碍。

2.3.3 权威型思维障碍

权威型思维障碍是指迷信权威，不敢怀疑权威的理论或观点，一切都按照权威的意见办事，这是创新思维的极大障碍。权威人物往往会被自己的知识和经验限制住，他们的意见具有时间和空间的局限性，即在一定时间和一定范围内才是适用的。大量的创新成果都是在克服了对权威的无条件崇拜，打破了迷信权威的思维障碍后取得的。实际上，许多被称为权威的专家、学者自己也多次指出，不要迷信权威所说的一切。

2.3.4 从众型思维障碍

从众型思维障碍是指人们因懒于独立思考，或不敢标新立异、为天下先，而盲目从众，一切随大流，抑制了创新的敏感和勇气。在实际生活中，每个人多多少少都有从众心理，很多人甚至因从众心理而陷入盲目性，明明稍加独立思考就能正确决策的事，偏偏跟着大家走弯路。

> **创新思维馆**　　三人成虎、投杼逾墙："从众心理"的蛊惑

战国时代，各诸侯国为了在错综复杂的关系中争得一份主动，形成了一种外交惯例，即通过互换人质保证盟约的实施，交换的人质一般是诸侯王的公子，这一外交惯例与政治策略被称为"通质"。当时魏国与赵国结盟之后，为了保证信守承诺，魏王将自己的太子送往赵国的都城邯郸做人质，并决定让大臣庞葱陪同前往，照顾太子，帮助太子应付、处理、协调与赵国的相应事务。

庞葱听到魏王的这一决定之后，心中一惊，他不愿意去执行这一任务，因为他知道此行肯定会终结自己的政治生涯，至少自己大红大紫的生活即将一去不复返了。庞葱的想法不是杞人忧天，他的判断来自对魏王的了解。魏王是个耳朵根极软的人，这种人最易偏听偏信。虽然自己在魏王身边颇受重用，但是，一旦自己离开魏国，朝中的反对者必然会在魏王面前频频吹风，日日谗言，那时的魏王能否坚守住防线是一个很大的疑问，一旦魏王听信了谗言，自己就绝对没有翻身之日了。

庞葱心中有担忧，心有不甘，但是君命难违，哪里有拒绝的可能？为了避免自己的担忧成真，庞葱去邯郸之前，对魏王实施了一番"攻心术"，先给魏王打了个预防针。庞葱的"攻心术"方式委婉，循循善诱，他通过一步步的提问将魏王的性格、心理挖掘了出来。

庞葱的第一个问题是，如果有一个人告诉您热闹的集市上有一只大老虎，您相信吗？魏王的回答很肯定：不相信。魏王的回答基于一个基本常识。老虎被称为"森林之王"，在正常状态之下不可能出现在闹市之中。

庞葱的第二个问题是，如果有两个人告诉您闹市中出现了一只老虎，您相信吗？魏王的回答略有迟疑，他有些将信将疑了。魏王的迟疑，源自"说话人"数量的增加，一人之怪诞之

语或许是无中生有,捕风捉影,不可偏听偏信,但是为什么有人和他一起说起了怪诞之语,是不是这一怪诞之语中有着常理无法规范的内容?具体到闹市出老虎一事,是不是森林里出了什么问题?是不是这只老虎迷路了?是否还有其他无法参知的问题?

庞葱的第三个问题是,如果有三个人共同向您汇报闹市中出现了一只老虎,您相信吗?魏王的回答与第一次回答时一样干脆、一样肯定,只不过他肯定的内容不一样了,第一次是肯定不相信,这次则是肯定相信了。

三次提问,构成了成语"三人成虎"的骨干,用来比喻流言经多人重复述说,就能使人信以为真。那么,在流言与真实之间,魏王的选择,是一种不自觉的屈服,这种屈服便是"从众心理"的体现,也是"羊群效应"的体现。

"从众心理""羊群效应",通俗一点说,便是"随大流"。个人的意识、观念等受到外界人群的影响而表现出趋同性,人云亦云。它表现为两种状态:一种是不从众便会被排挤、被抛弃的压力感。持有此种心理的人对于事情有着自己的判断,但是他们心中有恐惧,恐惧自己一旦独立于大部分人之外,对其观点行为摇头反对,那么在群体生活中或许自己就会寸步难行。一种是从众不会出错的思维定式。他们认为"群众的眼睛是雪亮的""多数人的意见是千真万确的","随大流"会少犯错误,就像在羊群面前放一根木棍,第一只羊跳过去,第二只羊、第三只羊、第四只羊会"依葫芦画瓢",跳过木棍去,此时一旦把木棍撤掉,后面的羊走过同样的地点,依然会跳过没有木棍的"障碍区"。后面的羊之所以跳跃,在于它们心中多了一道障碍,这一障碍的威力绝对要大于木棍几百倍。其实,它们最该跨越的应该是心中的障碍。

资料来源:王立群,智解成语

2.3.5 书本型思维障碍

书本型思维障碍是指人们迷信书本上的理论,不敢提出质疑,不能纠正前人的失误、探索新的领域。但尽信书不如无书,书本上的知识是前人知识和经验的总结,有特定的适用范围,时代发展了,情况变化了,我们不能无条件地照抄照搬。更何况书本上的知识有可能原来就是错误的或有片面性的。因此我们既要学习书本知识,接受书本知识的理论指导,又要对所应用的书本知识严格地进行检验。

创新思维馆

杨振宁新加坡畅谈人生:抓住直觉和书本冲突的时刻

著名美籍华裔科学家、诺贝尔奖获得者、物理学家杨振宁教授曾在新加坡南洋理工大学做了一场"我的学习与研究经历"的演讲,畅谈自己的精彩人生和不平凡经历,吸引了当地1000多名师生和社会各界人士的出席,原本只能容纳800多人的礼堂到处都挤满了杨振宁教授的仰慕者,人们为能亲耳聆听和亲眼所见这名充满传奇色彩的物理学界大师而激动不已。

杨振宁教授认为读书不能死记硬背,不能迷信书本,当直觉与书本知识产生冲突时,那就是最好的学习机会,必须牢牢抓住,有可能会出现意想不到的结果。杨振宁教授非常推崇讨论式学习,认为同学之间或者同事之间的讨论和争论是非常有意义的,往往会产生"思想的火花",从而导致研究上的突破。

资料来源:中国经济网

2.3.6 自我中心型思维障碍

自我中心型思维障碍是指人们一叶蔽目,不见泰山,局限在自己已有知识或成果的范围内,思考问题时以自我为中心,阻碍了创新思维。实际上,客观情况是发展变化的,而成绩只能说明过去,自己掌握的知识和技能只能在一定范围内适用。

2.3.7 自卑型思维障碍

自卑型思维障碍是指在自卑心理的支配下,不敢去做没有把握的事情,即使是走到了成功的边缘,也因害怕失败而退却。这种心理的人,有的其实是很聪明的,也有的取得过不错的成绩,后来遭受过某种打击,从此信心受挫,虽然还在从事有可能实现创新的工作,却一再和成功失之交臂。

2.3.8 麻木型思维障碍

麻木型思维障碍是指人们对生活、工作中的问题习以为常,精力不集中,思维不活跃,行动不敏捷,不能抓住机遇,更不会主动寻找困难、迎接挑战,也就不能实现创新。

不同的人在不同的情况下,思维障碍的情况有所不同。为了突破思维障碍,人们应大胆质疑,尽量突破他人的思想和自己的固有的知识的局限;构建立体思维,不受点、线、面的局限,充分发挥我们的空间想象力;从不同角度去观察思考同一事物;并有意识进行非常规思维的思考,如从逆向、侧向进行与众不同的思考。

本章小结

①创意源自想象力、生命中的热爱、整理自己、观察、不断学习。"发明性思考"的大师Michalko提出了7种"天才"常用的创意策略。包括:策略一,从不同的角度看这个问题;策略二,可视化你的思考;策略三,把想法实作出来;策略四,把东西组合在一起;策略五,强迫一些不曾发生的关系;策略六,逆向思考;策略七,抽象化思考

②思维则是对客观事物的间接的、概括的反映,它反映的是客观事物的共同的、本质的特征和内在联系。具有概括性与间接性、逻辑性和形象性、统一性和差异性、历史性与现实性、言语性等特征。

③创造性思维形式包括发散思维、收敛思维、逆向思维、变通思维、组合思维等。

④常见的思维障碍包括习惯型思维障碍、直线型思维障碍、权威型思维障碍、从众型思维障碍、书本型思维障碍、自我中心型、思维障碍、自卑型思维障碍、麻木型思维障碍八种。

课后阅读

"地球一小时"十大创意盘点

1. 最壮观——"地球一小时"

"地球一小时"本身就是一个宏大的创意。2007年，WWF澳大利亚区的负责人GregBourne在电视中向人们激动地描述这个振奋人心的创意——"人们需要通过行动来表明，他们期待改变，政府才会采取行动。"悉尼市率先响应号召，当地数万户商家和200多万居民3月31日晚19时30分开始集体断电一小时，以引起人们对温室气体排放导致全球变暖的关注。天黑之后，悉尼歌剧院、悉尼海湾大桥等标志性建筑纷纷熄灯，来让"地球休息一小时"。这就是第一届"地球一小时"活动。2008年3月29日晚上20点，从悉尼到南非、欧洲和北美，38个国家的数百座城市加入其中，参与人数达到5000多万。2008年12月15日，"地球一小时"活动在中国正式启动。2009年3月28日的第三届"地球一小时"活动，WWF的期望是能有10亿人参加。

点评：开灯关灯本是很简单平常的动作，但是能够让10亿人同时关灯，并培养出一种熄灯精神，这是很多标语口号都做不到的。一个好的活动策划，应该是一个吸引人的集体游戏，能够让更多的人开心地参与，那就成功了。

2. 最象征——悉尼歌剧院熄灯

2007年3月31日晚19时30分，作为悉尼市标志性建筑的悉尼歌剧院熄灭了主体灯光，由此也拉开了首届"地球一小时"活动的序幕。也因此，悉尼歌剧院的熄灯具有了十分浓厚的象征意味。之后有标志性建筑熄灯成为城市参与"地球一小时"活动的条件之一。

点评：2008年旧金山的金门大桥熄灯了，罗马圆形大剧场熄灯了，布达佩斯议会大厦熄灯了，影响却都比不上悉尼歌剧院的这次熄灯。第一个吃螃蟹的人——悉尼，城市的品牌也由此大大提升。

3. 最阳光——无锡尚德低碳Party

在2009年3月28日晚上20时30分到21时30分，全球太阳能行业的标杆企业无锡尚德举行了一场特殊的熄灯活动。这是全球第一场以新能源名义参加的"地球一小时"活动。尚德的这次活动主题就是：世界停电了，我们怎么办？这个Party以整条尚德路为舞台，以尚德巨大的太阳能光伏幕墙为背景，为世界献上了一道绿色动力的环保大宴。这是一个阳光四溢的Party，所有的路灯和舞台灯都由太阳能光伏系统发电来提供动力，让人们在夜晚也能闻到阳光的芬芳。

点评：WWF三年来通过一次次停电，来教育地球人，对电说不。但是停电之后怎么办，还没有人来回答这个问题。中国光伏产业登场了，我们期待着尚德给出一个精彩的答案。

4. 最意外——谷歌黑了

2008年3月29日晚，世界搜索引擎巨头谷歌公司在网络上举行了一次特别的熄灯活动。当晚，谷歌在以色列等国家的主页背景临时从白色变成了黑色，搜索框下方则有"我们已经关灯了，现在该你了"的字样。谷歌希望通过此举来鼓励电脑前的人们加入到"地球一小时"

活动中来。

点评:尽管说无论什么颜色的背景,显示器的耗电量都一样,但是谷歌的这一别出心裁的活动,还是收到了令人震撼的效果。以至于很久之后,还有很多人记得,曾经,谷歌是以这种方式变黑了。

5. 最原始——悉尼天文台仰望星空

2007年3月31日晚19时30分,悉尼市超过220万的人同时熄灯,让地球休息一小时。约250名居民提前预约到天文台看星空,观察黑暗中的地平线。

点评:我并不认为黑夜里数星星是什么好的创意,夜里熄灯之后,大家都会想到数星星。这么一个原始的活动,我把它列出来,有两个原因,一是为了纪念第一届的"地球一小时"活动,从此之后仰望星空成为"地球一小时"活动中必不可少的一部分;二是因为2007年12月20日联合国将2009年定为国际天文年,届时将有几大亮点项目,"暗夜保护"为其中之一。这一项目就包括参加3月28日的"地球一小时"活动。暗夜保护与仰望星空之间,却又大面积地重叠在一起。

6. 最独特——踩自行车发电的低碳音乐会

2008年3月27日,以色列城市特拉维夫为了呼吁环保,举行"熄灯一小时"活动。在熄灯后的市政厅前的拉宾广场上,上演着一场热闹非凡的摇滚音乐会,同时它也非常引人注目。这场音乐会的独特之处在于它所使用的电力,一种是人们脚踩踏板产生的电力,另一种是燃烧植物油等生物燃料产生的电力。

点评:踩自行车发电并不是什么新闻,然而用它来开音乐会却是闻所未闻。两样普通的事物,加在一起就变得不那么普通了。世界上从来不缺乏普通的事物,只是缺乏把它们联系起来的灵感。

7. 最民族——岛国烛光接力

岛国斐济是最早进入地球一小时的,其"地球一小时"活动也别具特色。2008年当地时间3月29日晚上8时,苏瓦陷入黑暗,两名身着当地传统服装的"武士"点燃了火炬,并将火炬传递到苏瓦港。然后由划艇爱好者接过火炬,在海里燃起了100只蜡烛,这象征着斐济所辖的100多个岛屿都面临着气候变化的挑战。

点评:将活动与自己国家的国情相结合,十分巧妙,也很合乎马克思的理论。烛光下的浪漫很多,烛光下的派对也很多,难得能够这样表现出浓郁的民族特色。

8. 最悠扬——2009王啸坤全国公路巡演

2009年3月15日,备受瞩目的中国原创音乐新生代创作才子王啸坤由北京出发,开始其全国春季公路巡演。此次巡演从北京开始,途经大连、济南、郑州、西安、武汉、长沙、南昌、南京,最后将到达上海,历时1个半月。此次公路巡演与WWF的"地球一小时"合作,在每站巡演开始前,王啸坤都会带领观众一起,将演出的灯光和电源熄灭,静默一分钟,提醒人类在消耗和利用地球能源的同时更需要还给地球一份自然的宁静。同时,该巡演只选用大巴作为唯一的交通工具,以此来倡导环保低碳的生活。

点评:这是国内首次以传播公益理念为主线的公路摇滚巡演。对于音乐来讲,它将公路巡演的形式推到了一个新的高度,对于"地球一小时"来讲,这个活动无疑是最梦幻最悠扬的一个创意形式。

9.最浪漫——夜光型婚礼

自从2008年12月15日,"地球一小时"活动在中国正式启动以来,我国各方面都反应积极,杭州多家酒店也参与其中。

杭州千岛湖开元度假村的表现最为可圈可点。当室内灯光变暗后,惊喜在于,新人可以看到由该酒店提供的发光材料制成的餐具上发出星星点点的浪漫灯光。

点评:很早就看到网上有这样的帖子:地球一小时,停电了,我的婚礼怎么办?婚礼可以这么办,一定会浪漫到极点。我喜欢那个夜光型的婚礼,环保的婚礼。美国有人在"地球一小时"活动之后,甚至要为自己准备绿色葬礼。由此可见"地球一小时"影响之大。

10.最形而上——黑夜里的100个绿点子

2009年南京首次加入地球一小时活动,当地11所高校加盟。如何度过这个黑暗节日,除了传统的关灯活动之外,参与的高校每校都选出一个"黑暗记录员",记录下"地球一小时"内大家的所有想法,征集保护地球、环保绿色的100个绿点子。

点评:在黑夜中冥想,每一个孤独的人都会这样做吧?只是,在"地球一小时"活动的历史中,黑暗中的绿点子还是第一次出现。让思想在一个特定的时刻汇集,也只有高校有这样的环境。这一策划的结果如何,很值得期待。

资料来源:慧聪网

思考题

1. 创意的来源有哪些渠道?
2. 常见的创造性思维形式有哪些?
3. 常见的思维障碍有哪些?

推荐书目

[1] [美]詹姆斯·L·亚当斯著.张令振,鲁忠义译.如何突破你的思维障碍[M].北京:科学普及出版社,1991.

[2] 华彬,华楠.超级符号就是超级创意[M].天津:天津人民出版社,2014.

参考文献

[1] 李伟,张世辉.创新创业教程[M].北京:清华大学出版社,2015.

[2] 萧潇.创意文案与营销策划[M].天津:天津科学技术出版社,2017.

[3] 季跃东.创新创业思维拓展与技能训练[M].北京:科学出版社,2012.

[4] 刘艳彬等.大学生创新创业教程[M].北京:人民邮电出版社,2016.

第 3 章　创新方法与技巧

名人名言

创新就是创造性地破坏。

——政治经济学家 约瑟夫·熊彼特

能正确地提出问题就是迈出了创新的第一步。

——物理学家 李政道

掌握新技术，要善于领悟，更要善于创新。

——政治家 邓小平

创业者光有激情和创新是不够的，它需要很好的体系制度团队以及良好的盈利模式，这个世界不是正因你能做什么，而是你该做什么。

——阿里巴巴创始人 马云

学习目标

1. 掌握常用的创新方法；
2. 掌握常用的创新技巧。

3.1　常用的创新方法

小组制：像 Uber 一样病毒式增长，你也可以！

Uber 入驻每个城市的时候，都是依靠一个三人团队，5 年进入了 320 个城市，创立了全球估值 500 亿美元的传奇，使共享经济成为人人热议的未来；

韩都衣舍依赖单品全程运营体系，从注册到成为互联网第一女装品牌，创建近 20 余家品牌，前后仅仅经历了 4 年；

Zara 诞生伊始就凭借其在女装领域的快时尚模式，横扫欧美众多竞争对手，在全球范围内拥有超过 2000 家专卖店……

这些企业仿佛于一夜间无声无息中迅速崛起,迅速吸引整个市场的关注,同时,它们潜入到消费者的生活中迅速崛起,变成人们的一种生活方式,无所不在。

Uber、韩都衣舍是如何做到在极短时间内,如同病毒一样攻城略地、迅猛增长的?

"小组制组织创新模式"正是这些公司异军突起背后的秘密武器。与传统的金字塔式的自上而下的管控模式不同,去中心化的小组制组织创新模式正在被越来越多的新兴公司所采纳。

所谓小组制是指,在公司中以可以独立完成业务的最小单位,即小组为核心,让其自行制订计划,独立达成目标。韩都衣舍的小组是产品小组,Uber 的小组是城市团队,Zara 的小组是店长全权负责的每个专卖店。

每个小组都是能够独立生长的活细胞。这些小组细胞顺应市场、野蛮生长、迅速繁殖,自下而上地改变着整个公司的活力,成为公司这个有机体持续发展的核心驱动。

小组制的根本在于去中心化,每一个小组都是中心,而每一个小组的每一次成长都在推动着整个公司的进化。

韩都衣舍的创始人赵迎光认为,企业的活力是创始人永恒的挑战,如何能够自下而上推动公司发展,只有从组织创新的角度去激发人性,"毫无疑问,小组制是目前最好的组织创新方式"。

Uber 在全世界所有的大城市,几乎只有三个人的团队,所有决策都由三个人的城市运营总经理独立做出,没有任何人可以询问,因为当地的情况公司里除了这三个人,没有任何人更了解。

"管控"这样的词,在 Uber 团队和总部里就像个笑话,他们每天收到的是来自于总部的各个城市的数据分享,最关键的数据是"从乘客发出指令到得到司机响应"一共用了几分钟。

所以每一个三人团队都在创业状态,没有任何总部管控你今天在做什么,但你工作的结果从数据看一目了然。

资料来源:微信公众号"混沌大学"

3.1.1 模仿创新法

当中国制造被烙上"山寨"的标签,企业家们急于寻求创新的大招。不论是产品理念还是商业模式,想创新不是一两天就能达到的。

日本也曾背负"小偷""拷贝猫"的国际恶名,但最终形成了"日本风格","日本设计"也在国际上占有一席之地。他们是如何做到的呢?成功秘笈就是模仿创新。

①定义

模仿创新法就是一种人们通过模仿旧事物而创造出与其类似的事物的创造方法。

②分类

从模仿的创造性程度而言,可以分为机械性模仿、启发性模仿和突破性模仿三种。

机械性模仿是指把别人成功的经验和先进的生产方式直接吸收过来,很少独创。启发性模仿不是在二者相等的条件下进行,而是在其他对象的启发下完成创造。突破性模仿指进行模仿的东西发生了质的改变,而将其他事物转化成自己的东西,往往是全新的创造。

3.1.2 头脑风暴法

① **什么是头脑风暴法**

头脑风暴法又称智力激励法、BS法、自由思考法,是由美国创造学家A·F·奥斯本于1939年首次提出、1953年正式发表的一种激发性思维的方法。此法经各国创造学研究者的实践和发展,至今已经形成了一个发明技法群,深受众多企业和组织的青睐。

头脑风暴法又可分为直接头脑风暴法(通常简称为头脑风暴法)和质疑头脑风暴法(也称反头脑风暴法)。前者是专家群体决策尽可能激发创造性,产生尽可能多的设想的方法,后者则是对前者提出的设想、方案逐一质疑,分析其现实可行性的方法。

采用头脑风暴法组织群体决策时,要集中有关专家召开专题会议,主持者以明确的方式向所有参与者阐明问题,说明会议的规则,尽力创造融洽轻松的会议气氛。一般不发表意见,以免影响会议的自由气氛。由专家们"自由"提出尽可能多的方案。

② **头脑风暴法的程序**

1) 准备阶段

负责人应事先对所议问题进行一定的研究,弄清问题的实质,找到问题的关键,设定解决问题所要达到的目标。同时选定参加会议人员,一般以5—10人为宜,不宜太多。然后将会议的时间、地点、所要解决的问题、可供参考的资料和设想、需要达到的目标等事宜一并提前通知与会人员,让大家做好充分的准备。

2) 热身阶段

这个阶段的目的是创造一种自由、宽松、祥和的氛围,使大家得以放松,进入一种无拘无束的状态。主持人宣布开会后,先说明会议的规则,然后随便谈点有趣的话题或问题,让大家的思维处于轻松和活跃的状态。如果所提问题与会议主题有着某种联系,人们便会轻松自如地导入会议议题,效果自然更好。

3) 明确问题

主持人扼要地介绍有待解决的问题。介绍时须简洁、明确,不可过分周全,否则,过多的信息会限制人的思维,干扰思维创新的想象力。

4) 重新表述问题

经过一段讨论后,大家对问题已经有了较深程度的理解。这时,为了使大家对问题的表述能够具有新角度、新思维,主持人或书记员要记录大家的发言,并对发言记录进行整理。通过对记录的整理和归纳,找出富有创意的见解,以及具有启发性的表述,供下一步畅谈时参考。

5）畅谈阶段

畅谈是头脑风暴法的创意阶段。为了使大家能够畅所欲言，需要制定的规则是：第一，不要私下交谈，以免分散注意力；第二，不妨碍他人发言，不去评论他人发言，每人只谈自己的想法；第三，发表见解时要简单明了，一次发言只谈一种见解。主持人首先要向大家宣布这些规则，随后导引大家自由发言、自由想象、自由发挥，使彼此相互启发、相互补充，真正做到知无不言、言无不尽、畅所欲言，然后将会议发言记录进行整理。

6）筛选阶段

会议结束后的一两天内，主持人应向与会者了解大家会后的新想法和新思路，以此补充会议记录。然后将大家的想法整理成若干方案，再根据CI设计的一般标准，诸如可识别性、创新性、可实施性等标准进行筛选。经过多次反复比较和优中择优，最后确定1—3个最佳方案。这些最佳方案往往是多种创意的优势组合，是大家的集体智慧综合作用的结果。

3.1.3 组合创新法

①什么是组合创新法

组合创新法是将两个或两个以上的技术因素或按不同技术制成的不同物质，通过巧妙的组合或重组，获得具有统一整体功能的新产品、新材料、新工艺等的一种创造方法。

②分类

组合创新是一种极为常见的创新方法，目前，大多数创新的成果都是通过采用这种方法取得的。组合创新的形式主要有以下几种：

1）功能组合

功能组合就是把不同物品的不同功能、不同用途组合到一个新的物品上，使之具有多种功能和用途。比如，按摩椅就是按摩功能和椅子功能的结合体，具有计算功能的闹钟也是一种新的组合。

2）意义组合

这种组合功能不变，但组合之后赋予了新的意义。比如，在文化衫上印上旅游景点的标志和名字，就变成了具有纪念意义的旅游商品。同样，一本著作有了作者的亲笔签名，其意义也会不同。

3）构造组合

把两种东西组合在一起，它便有了新的结构并带来新的实用功能。比如，房车就是房屋与汽车的组合，它不仅可以作为交通工具，还可以作为居住的场所。电脑桌也是一种构造组合的结果。

4）成分组合

两种物品成分不相同，组合在一起后，就构成了一种新的产品。比如，柠檬和红茶组合在一起，就开发出了柠檬茶；调酒师调制鸡尾酒采用的也是一种不同的成分组合。

5）原理组合

把原理相同的两种物品组合在一起，产生一种新产品。比如，将几个相同的衣服架组合在一起，就可构成一个多层挂衣架，以分别挂上衣和裤子，从而达到充分利用衣柜空间的目的。

6）材料组合

不同材料组合在一起，不仅可以改善原物品的功能，还能带来新的经济效益。比如，现在电力工业使用的远距离电缆，其芯用铁制造，而外层则用铜制造，由两种材料组合制成的新电缆，不仅保持了原有材料的优点（铜的导电性能好，铁硬不下垂），还大大降低了输电成本。

创新思维馆　　　　　　　生活中的组合创新

要理解什么是组合式创新，想想瑞士军刀就明白了。当我们给一个拖拉机装上一门大炮的时候，我们就得到了一辆坦克。当我们给手机装上摄像头的时候，我们就有了"扫一扫"的可能性。当我们给眼镜装上小电脑，它就成了 Google Glass。当我们给牙刷装上发动机，他就成了电动牙刷。组合式创新同样是一种常见的创新模式，它依赖的不是技术进步，而是对于新需求的敏锐洞察。

3.1.4 类比创新法

①什么是类比创新法

类比创新法是根据两个或两类对象之间在某些方面的相同或相似而推出它们在其他方面也可能相同的一种思维形式和逻辑方法。

类比思维是人们解决陌生问题时常用的一种水平思维方法，它可以帮助我们把大脑中积累的知识和经验运用到新问题中，从而找出创新的解决方案。例如，李宁公司在设计新鞋时，引入中国传统木工行业的榫卯结构，从而开发出 MIX 运动鞋；戴姆勒公司为了设计更能适应交通日益堵塞状况的汽车，将瑞士名表 Swatch 的产品概念及外观设计原型引入汽车的设计与生产过程中，促成了 Smart 微型汽车的问世。

创新思维馆　　　　　　　李四光发现大庆油田

我国著名的地质学家李四光在对我国地质结构的长期考察的基础上，发现东北松辽平原的地质构造与中亚细亚的地质构造很相似。

中亚细亚有大量的石油蕴藏，于是，他推断松辽平原也可能蕴藏大量石油，经过勘探，其发现了大庆油田。

②类比创新法分类

1）直接类比

从自然界的现象中或人类社会已有的发明成果中寻找与创造对象相类似的事物，并通过比较启发出创造性设想。如电视发射塔的设计，要求既有抗各向风力的性能，又能满足发射信号的需要。人们发现山上的云杉树由于受狂风长年累月的打击，底部直径显著增大，树形长成了圆锥状。通过类比分析，就出现了圆锥形的电视塔(见图3-1)。

图3-1　直接类比

2) 拟人类比

也称感情移入或角色扮演。把创造发明的对象或者某个因素人格化，假如自己是该对象或因素时，在该种情况下会如何办。如机器人的设计主要是模拟人的动作(见图3-2)。

图3-2　拟人类比

3) 幻想类比

幻想类比就是将幻想中的事物与要解决的问题进行类比，由此产生新的思考问题的角度。借用科学幻想、神话传说中的大胆想象来启发思维，在许多时候是相当有效的。

正是创造中的幻想类比推动了发明创造，逐步使幻想成为现实。如人幻想像鸟一样地自由飞翔。现在人们乘坐飞艇、飞机等飞行工具已经能够自由飞行。人们幻想登上月球，有嫦娥奔月的神话，而现代人类已经能够成功登上月球。

4) 对称类比

自然界中许多事物存在着对称关系，如物理学上的正电荷与负电荷，两者除了极性相反之外，其他都相同，好像人们照镜子，镜中人与镜外人一样。换句话说，正电荷和负电荷是对称的。在创造过程中，运用对称类比，也可能获得某种创造。

创新思维馆　　　　　　　　**月光农业的创意**

万物生长靠太阳，这是人人皆知的事情。有人研究白天太阳与生物生长的关系，谁也不会大惊小怪。倘若有人突发灵感，琢磨起晚上月亮照射下的生物，可能有许多人大惑不解。

世界上的确有农艺家在对"阳光农业"的对称类比思考中悟出了"月光农业"的创意。在经过长期的研究后，居然获得意想不到的结论：万物生长也得益于月亮。一轮明月高挂蓝天时，大约有0.25勒克斯（相当于40瓦电灯在距15米外的亮度）的光强照射大地。尽管月光如镜，但却给许多植物带来勃勃生机。

于是，农学家们建议，在播种收获农作物时，除了按季节、节气外，最好还考虑月亮的阴晴圆缺。因为经过不同时间和角度的月光洗礼，农作物的生产和储存将会给人们以新的喜悦。

5）因果类比

两个事物之间都有某些属性，各属性之间可能存在着同一种因果关系，根据某一个事物的因果关系推出另一个事物的因果关系，这种类比就叫作因果类比。在创造过程中，掌握了某种因果关系并进行触类旁通，有可能获得新的启发，产生新的创意。

创新思维馆　　　　　　**台风旋向问题**

美国麻省理工学院谢皮罗教授发现，放洗澡水时，水流出浴池总是形成逆时针方向的旋涡。这是什么原因呢？专家告诉他，这种现象与地球自转有关，由于地球是自西向东不停地旋转，所以北半球的洗澡水总是逆时针方向流出浴池。

在明白了浴池水流向的道理后，谢皮罗教授想到了台风的旋向问题，并进行了因果推理。他认为北半球的台风同样是逆时针方向旋转的，其道理与洗澡水流出的旋向道理是类似的。他还断言，如果在南半球，情况则恰恰相反。

谢皮罗有关台风旋向的科研论文发表后，引起世界各国科学家的莫大兴趣。他们纷纷进行观察或实验，其结果与谢皮罗的论断完全相符。

6）综合类比

根据一个对象要素间的多种关系与另一对象综合相似而进行的类比推理，叫作综合类比。两个对象要素的多种关系综合相似，就意味着它们的结构相似，由结构相似可推出它们的整体特征和功能相似。

创新思维馆　　　　　　**虚拟心脏的研究（模拟）**

"虚拟心脏"是美国《自然》杂志最近提出的新概念，国际医学界目前尚没有人从分子水平进行"虚拟器官"的研究。不久前，一颗正在中国医学科学院阜外心血管病医院计算机里跳动的"虚拟心脏"，将从分子水平揭示心脏常见疾病的病理基础，并为研制治疗相关疾病的新药提供一个真实而且深层次的"试验基地"。

负责这一研究项目的该院副院长惠汝太教授说，所谓"虚拟心脏"并非解剖学上的概念，说得形象一点，是计算机假装出来的心脏，但具备真正心脏的所有生理特性。它是将心脏的变化规律转化为各种方程式，用计算机运行方程式来演示心脏疾病分子水平的病变过程。目前正在研制中的这一"虚拟心脏"已经"得了"先天性心脏病、心力衰竭、扩张性心肌病和心率失常这几种最常见的或危及生命的心脏病。

3.1.5 设问检查法

①**什么是设问检查法**

设问检查法实际上就是提供了一张提问的单子,针对所需解决的问题,逐项对照检查,以期从各个角度较为系统周密地进行思考,探求较好的创新方案。

②**设问检查法的特点**

设问检查法是对拟改进创新的事物进行分析、展开、综合,以明确问题的性质、程度、范围、目的、理由、场所、责任等项,从而使问题具体化以缩小需要探索和创新的范围。

1)以提问的方式寻找发明的途径。设问检查法的首要特点是抓住事物带普遍意义的方面进行提问,所以它的应用范围很广,不仅可用于技术上的产品开发,还可用于改善管理等范畴。如5W1H法,是从客体的本质(What)、主体的本质(Who)、物质运动的最基本形式时间和空间(When、Where)、事情发生的原因(Why)和程度(How)这几个角度来提问的,这些问题属于任何事物存在的根本条件。这样抓住一个事物的制约条件来分析问题,就会发现问题的症结与原因在哪里。又如奥斯本的检核表法,是抓住声音、颜色、气味、形状、材料、大小、轻重、粗细、上下、左右、前后等事物的基本属性大做文章,因而有普遍的适用性。

2)从不同的角度、多个方面来进行设问检查,思维变换灵活,利于突破框框。特别是奥斯本检核表法,此法属于发散性思维,或称为横向思维,与之对应的是纵向思维。纵向思维是一种保护思路沿着中心线索自始至终地推进,直到解决为止的思维方式。而横向思维则是在探讨解决方案之前,先多角度地考虑对问题的种种看法。奥斯本检核表法不把注意力集中在问题的某一个方面,而是突破了旧框框大胆想象,借助于各种思维技巧,诸如联想、类比、组合、分割、移花接木、异质同构、颠倒顺序、大小转化、改型换代等,以得到各种不同类型的答案。5W1H法也是试着从五六个不同角度去考察问题。

③**设问检查法的适用范围**

自奥斯本的检核表法诞生以来,在实际应用中深受欢迎,并相继创造了多种不同的设问检查创造技法。这些方法几乎适用于各种类型与场合的创造活动,它能够帮助人们突破思维与心理上的障碍,从多方面多角度引导创新思路,从而产生大量的创造性设想。运用本技法在实践中取得成功的例子不胜枚举,因此,设问检查法被誉为"创造技法之母"。

设问检查法对于群众性的合理化建议活动,技术上的小发明,小革新是非常适合的,也可以与智力激励法等其他技法联合运用。如果要解决的问题较大,借助本技法也可使问题明确化,从而缩小目标,找到问题的关键所在,有针对性地解决之。

具体应用时,如用于管理方面,则要注意明确问题的性质、程度、范围、目的、理由、场所、责任等;用于技术问题方面,则要注意明确产品的材料、结构、功能、工艺过程等。亦即要根据不同的工作性质将此法做适当的调整。初次使用设问检查法时，可能不如自发的创造那么方便，但只要坚持实践，就能养成善于提问思考的习惯，使原来封闭式、直线式的思维方式得到改善，有利于创造力的开发。

当然，设问检查法也有一定的局限性，它比较强调创造发明主体的心理素质的改变，借助克服心理障碍，产生更多的思路，而较为忽略对技术对象的客观规律性的认识。所以，在使用本技法解决较复杂的技术发明问题时，仅能提供一个大概的思路，还需进一步与技术方法结合，才能完成有实际价值的发明。

④设问检查法的技巧

1）5W1H法

"5W1H法"是美国陆军提出的。所谓5W1H法，是指以下6个问题：

对某种现行方法或现有产品从为什么（Why）、做什么（What）、何人（Who）、何时（When）、何地（Where）、如何（How）六个方面进行检查并提问。

2）和田十二法

和田十二法，又叫"和田创新法则"（和田创新十二法），即指人们在观察、认识一个事物时，可以考虑是否可以。和田十二法是我国学者许立言、张福奎在奥斯本检核问题表基础上，借用其基本原理，加以创造而提出的一种思维技法。

简单的十二个字"加""减""扩""缩""变""改""联""学""代""搬""反""定"，概括了解决发明问题的12条思路。

加一加：加高、加厚、加多、组合等。

减一减：减轻、减少、省略等。

扩一扩：放大、扩大、提高功效等。

变一变：变形状、颜色、气味、音响、次序等。

改一改：改缺点、改不便、不足之处。

缩一缩：压缩、缩小、微型化。

联一联：原因和结果有何联系，把某些东西联系起来。

学一学：模仿形状、结构、方法，学习先进。

代一代：用别的材料代替，用别的方法代替。

搬一搬：移作他用。

反一反：能否颠倒一下。

定一定：定个界限、标准，能提高工作效率。

3.1.6 逆向转换法

①什么是逆向转换法

逆向转换法是指以反向求索的方式进行创新的思维开发技法。它是针对一般的产品，就其原理、视场、需求、结构、功能等从相反方向进行思考探索,将思路从固有的观念中引导出来,从而获得崭新的启迪。

②逆向转换法原理

根据辩证法的基本原理,任何事物都包含对立的两方面,这两方面既相互依存又相互排斥地存在于一个统一的整体中。要想创造性地解决问题,采用辩证思考的方式,逆转一下正常的思路,从反面换个角度想想,很可能会产生突破性的成果。

③逆向转换法特点

1)普遍性

逆向转换法是从唯物辩证法普遍联系的观点出发而创造的,因此具有普遍性。对立面在现实生活中普遍存在,人的心理和行为同样存在爱与恨、理智与迷信、纪律与放纵、希望与失落、竞争与合作等"对立"。同时商业系统中存在着买与卖、雇佣与解雇、消费与积蓄、生产与消耗等"对立"。技术产品的设计也普遍存在着反向思考的痕迹,是矛盾着的统一体。如羊角锤一头用来敲钉子,一头用来起钉子。

2)批判性

反向思考是与正向思考相比而言的,反向思考是指对传统、习惯、常理的挑战和批判。如袁隆平以批判性的眼光看待自体授粉类植物没有杂交优势之一说法,最后成功使水稻杂交成功。

3)新奇性

循规蹈矩地按传统习惯方式去解决问题虽然轻车熟路、简单易行,但容易使思路僵化、刻板,陷入思维定式的桎梏,所得的结果也是预料之中。从人们并非熟悉的反面去思索,其结果必然也会出人意料,即具有创新性。如打字机刚问世时,速度快时,字母键对应的连杆和打字头会纠缠在一起,无法继续打字。改变键盘设计,让打字慢下来,就不再出现问题。

④逆向转换法的分类

1)逆向反转法

这种方法是指从已知事物的相反方向进行思考,产生发明构思的途径。"事物的相反方向"常常从事物的功能、结构、因果关系三个方面做反向思维。比如,市场上出售的无烟煎鱼锅就是把原有煎鱼锅的热源由锅的下面安装到锅的上面。这是利用逆向思维,对结构进行反转性思考的产物。

逆向反转法包括原理逆向、功能逆向、过程逆向、因果逆向、结构逆向和观念逆向等。原理逆向是指从事物原理相反的方向进行思考。功能逆向是指从原有事物功能上去进行逆向思维,以寻求解决问题,获得新的创造发明的思维方法。过程逆向是指对事物进行过程进行逆向思考。因果逆向是指原因结果互相反转即由果到因。结构逆向是从已有事物的结构形式出发所进行的逆向思维,以通过结构位置的颠倒、置换等技巧,使该事物产生新的性能。观念逆向是指观念不同、行为不同,结果也不同。

2）问题转换法

这是指在研究问题时，由于解决这一问题的手段受阻，而转换成另一种手段，或转换思考角度进行思考，以使问题顺利解决的思维方法。如历史上被传为佳话的司马光砸缸救落水儿童的故事，实质上就是一个用转换型逆向思维法的例子。由于司马光不能通过爬进缸中救人的手段解决问题，因而他就转换为另一手段，破缸救人，进而顺利地解决了问题。

3）缺点逆用法

这是一种利用事物的缺点，将缺点变为可利用的东西，化被动为主动，化不利为有利的思维发明方法。这种方法并不以克服事物的缺点为目的，相反，它是将缺点化弊为利，找到解决方法。例如金属腐蚀是一种坏事，但人们利用金属腐蚀原理进行金属粉末的生产，或进行电镀等其他用途，无疑是缺点逆用思维法的一种应用。

3.1.7 创意列举法

创意列举法主要分为属性列举法、希望点列举法、优点列举法和缺点列举法四种。

表 3-1 创意列举法

类型	具体解释	说明
属性列举法	先观察和分析属性特征，再针对每项特征提出创新构想	这种方法是一种创意思维策略，强调人们在创造的过程中，先观察和分析事物或问题的属性特征，然后再针对每项特征提出相应的改良或改变构想
希望点列举法	不断地提出理想和愿望，针对希望和理想进行创新	这种方法是指人们不断地提出理想和愿望，针对这些希望和理想，寻找解决问题的对策，实现这些理想和愿望的方法
优点列举法	逐一列出事物优点，进而探求解决问题的方法和改善对策	这种方法指的是人们通过逐一列出事物的优点，从而寻求解决问题、提出改善对策的方法
缺点列举法	列举和检讨缺点和不足之处，找出问题解决的方法和改善的对策	与优点列举法相对应，这种方法是人们针对一项事物，不断地列举出其缺点和不足之处，然后分析这些缺点，从而找出解决问题和改善对策的方法

3.2 常用的创新技巧

波音公司利用思维导图设计波音747飞机

美国波音公司在设计波音747飞机的时候就使用了思维导图。据波音公司的人讲,如果使用普通的方法,设计波音747这样一个大型的项目要花费6年的时间。但是,通过使用思维导图,他们的工程师只用了6个月的时间就完成了波音747的设计,并节省了一千万美元。

3.2.1 思维导图

思维导图又称脑图、心智地图、脑力激荡图、灵感触发图、概念地图、树状图、树枝图或思维地图,是一种图像式思维的工具以及一种利用图像式思考的辅助工具。思维导图是一种表达发散性思维的有效的图形思维工具。思维导图是有效的思维模式,应用于记忆、学习、思考等的思维"地图",利于人脑的扩散思维的展开。思维导图已经在全球范围得到广泛应用,包括大量的500强企业。

创新思维馆

思维导图的创始人托尼·博赞(Tony·Buzan)

托尼·博赞(Tony·Buzan)是思维导图的创始人,思维导图概念的最早提出者和倡导者。1942年生于英国伦敦,毕业于英属哥伦比亚大学,大脑和学习方面的世界顶尖演讲家,被称为"智力魔法师""世界大脑先生",出版了87部专著或合著,系列书销售量已达到1000万册。在英国和国际电视台出现的累计时间超过1000小时。拥有超过3亿的观众和听众。著有"思维导图"系列丛书:《思维导图》《超级记忆》《启动大脑》《快速阅读》等。

①思维导图的特征

思维导图是放射性思维的表达,因此也是人类思维的自然功能。这是一种非常有用的图形技术,是打开大脑潜力的万用钥匙。思维导图可以应用于生活的各个方面,其改进后的学习能力和清晰的思维方式会改善人的行为表现。思维导图有四个基本的特征:

1)注意的焦点清晰地集中在中央图形上。

2)主题的主干作为分支从中央图形向四周放射。

3)分支由一个关键的图形或者写在产生联想的线条上面的关键词构成。比较不重要的话题也以分支形式表现出来,附在较高层次的分支上。

4)各分支形成一个连接的节点结构。

② **准备绘制思维导图**

绘制思维导图可以手绘或者使用思维导图软件进行绘制,手绘需要准备空白白纸、彩色水笔和铅笔、你的大脑和你的想象。

创新思维馆

思维导图软件

思维导图软件有很多,操作大同小异。主要有 MindManager、XMind、Popplet、MindMeister、Stormboard、Mindnode、Mindmap、百度脑图等。

③ **思维导图技法**

1)突出重点

一定要用中央图;整个思维导图中都要用图形;中央图形上要用三种或者更多的颜色;图形要有层次感;要用通感;字体、线条和图形尽量多一些变化;间隔要有安排、合理。

2)使用联想

在分枝模式的内外要进行连接时,可以使用箭头;使用各种色彩;使用代码。

3)清晰明白

每条线上只写一个关键词;所有的字都用印刷体写;印刷体都要写在线条上;线条的长度与词本身的长度一样;线条与线条之间要连上;中央的线条要粗些;边界要能"接受"分枝概要;图形画得尽量清楚些,让纸横放在桌前;印刷体尽量竖写。

4)形成个人风格布局

5)突出层次

6)使用数字顺序

④ **手工绘制思维导图的七个步骤**

1)从一张白纸的中心开始,周围留出空白

2)用一幅图像或图画表达你的中心思想

3)在绘制过程中使用颜色

4)将中心图像和主要分支连接起来,然后把主要分支和二级分支连接起来,再把三级分支和二级分支连接起来,以此类推

5)让思维导图的分支自然弯曲而不是像一条直线

6)在每一条线上使用一个关键词

7)自始至终使用图形

⑤ **软件绘制思维导图的步骤**

思维导图软件很多,风格不同,操作大同小异,这里以 XMind 为例进行介绍。

1)首先,打开思维导图软件 XMind,出现新建空白图,可以直接点击它或者左上角有新建和新建空白图,如果想使用模板就选择新建,不使用模板就自己直接点击新建空白图(见

图3-3)。

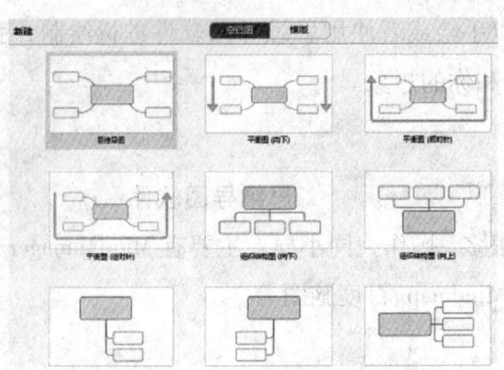

图3-3 Xmind启动界面

2)选择你需要的思维导图的基本模板,发散性思维适合思维导图,组织关系适合用组织架构图,时间关系适合用水平或者垂直时间轴,总之,根据实际情况来。

3)我们直接新建空白图,会出现中心主题,Enter键创建同级主题,Tab键创建更深层次来细化这个主题。点击分支主题,以同样方法即可创建下个分支主题(见图3-4)。

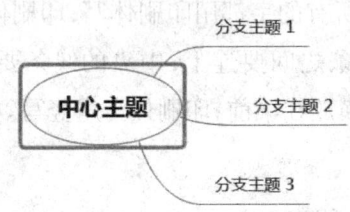

图3-4 Xmind绘制思维导图界面

4)双击主题名称,即可修改主题文字,右边选择格式即可改变颜色、字体、外形、边框等。右方还有剪贴画、图标等,都可以适当添加,思维导图的风格也可以选择右方的风格进行改变(见图3-5)。

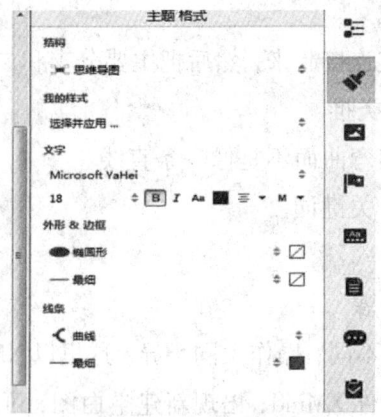

图3-5 Xmind格式界面

5)XMind操作需要日常多练习,熟能生巧。XMind虽然有很多模板,但也只能算是助手,没有固定模式,多探索会有新发现,实际效果以自己设计为准。

创新思维馆　　"怎样解决缺水问题"的思维导图绘制

我们如何解决问题?我们如何完成任务?我们如何到达想去的地方?我们可以一边思考,一边在纸上勾勒其"思维导图"。我们用一款软件MindManager来做"怎样解决缺水问题"的思维导图。

第一步,确定关注点。

我们这里的目标是"解决缺水问题",站在思维导图的最中间位置。

第二步,针对目标提出解决问题的"方向"。

"解决缺水问题"的方法和方向有:减少耗水量、增加供水量和不使用水。

第三步,围绕每一个"方向"寻找解决问题的可选"概念"。

如从"减少耗水量"中我们可以得到的概念有:增加使用效率、减少浪费、限期使用、教育。从"增加供水量"中我们可以得到的概念有:新的水源、循环使用、减少水源浪费。从"不使用水"中我们可以得到的概念有:停止使用水的程序、用其他物质代替、避免使用水的需要。

第四步,针对每个"概念"寻找实现这些概念的可选的替换"方案"。

例如,对于"限制使用"的概念我们可以得到的替换方案有:测算用水量,收水费,提高水费价格,只能从公共水源得到水,定时供水,在水中加入无害却难闻的气味,限制花园、水池等场所使用水,公布用水大户的名称,威胁进行定量配给(见图3-6所示)。

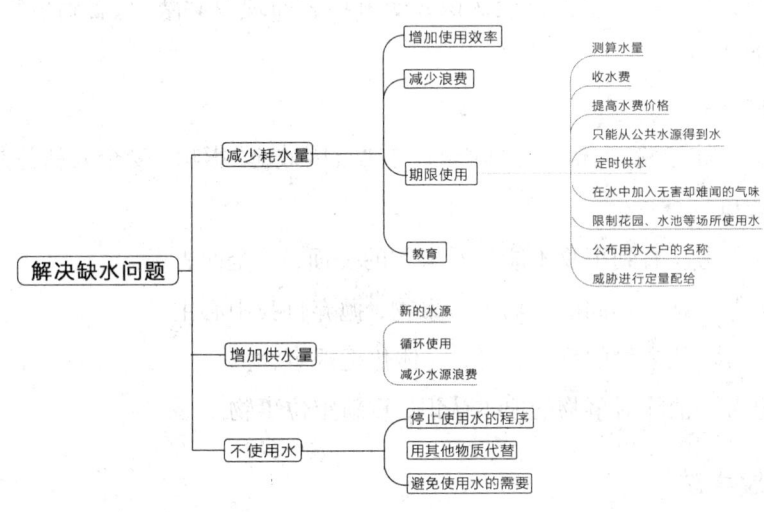

图3-6　解决缺水问题的思维导图

3.2.2 颠覆常识

常识一般是指日常知识、众所周知的知识、约定俗成的无须证明的知识,或是本能的学习和判断能力等。

①常识对创新的影响

常识对创新的阻碍主要是来自权威误导、经验误导和习惯误导三个方面。颠覆常识存在全盘否定常识、反方向寻找两个误区。

②颠覆常识的技巧

表3-2 颠覆常识的技巧

序号	技巧	说明
1	不急于认同	不盲从常识,先经过思考再选择是否认同
2	辩证思考	从正反两面思考某一问题,不片面定性
3	左右脑并用	左右脑使用,不仅使用一种思维
4	回到原点	回到事物本身进行思考,不用经验思考
5	不盲从他人	有自己的独立思考意识,不盲从他人

3.2.3 消除偏见

偏见一般是指人们由于一贯的错误认识或受事物表面现象蒙蔽,只看到事物的一面所引起的对事物的片面认识。

①偏见的形成

偏见的形成受个体经验、人格和心理影响,受"首因效应"影响,受个人利益左右。

②如何消除偏见

首先,多角度思考。看到事物不能只看事物的一面,要全面思考。

其次,换位思考。站在不同的立场思考事物,抛弃自我中心主义。

再次,反向思考。从事物的反面思考,立体化把握事物。

最后,归零思考。消除对事物的原本认识,重新定位事物。

3.2.4 挑战权威

权威一般指人们自愿服从和支持的权力,也指使人信从的力量和威望。

①不敢挑战权威的原因

不敢挑战权威主要有三个原因:权威力量强大;盲目信奉权威;害怕挑战失败。

②如何挑战权威

首先,敢于质疑。古人云:"小疑则小进,大疑则大进。"质疑是发现问题、挑战权威的第一步。

其次,相信创新的力量。相信创新终究能够战胜已经落后的权威,能够改变人们对权威的迷信。

再次,相信小人物也能创新。不要被拥有权威的代表人物吓倒,要相信小人物也有能力改变一切。

最后,实践出真知。想要创新,人们就必须在基于事实的基础上,付出努力和汗水,在实践中检验创新的力量。

3.2.5 打破规则

规则给人们提供了一定的依据,能够指导人们的思想和行为,但它在一定程度上也束缚了人们的思想和行动。

打破规则的方法如表3-3所示。

表3-3 打破规则的方法

序号	方法	具体解释
1	转换视角	从不同的立场出发,往往能得出不同的结论和规则;想要打破规则,便要学会转换视角,从不同的角度来评判规则
2	突破传统	敢于质疑传统规则的适用性和效用性
3	挑战权威	创新要敢于向权威挑战,不能盲信权威,要培养独立思考的意识
4	关注变化	密切关注行业的新动态,学会抓取具有变革意义的信息,并和旧信息、旧规则相比较
5	接受新思想	积极接受新思想,有新思想作为理论武器,才能看清楚旧规则的局限性
6	寻找新点子	打破权威需要新点子,有了新想法才能批判旧规则
7	突破行业限制	想要打破规则还需要突破行业限制,站在新高度看待旧规则
8	不排除外行	很多规则都是被外行打破的,要学会从外行身上汲取新想法、新观点

3.2.6 扩展视角

视角是人们思考问题的角度、立场、方式、路线等。视角不同得到的结论也不同。因此，想要创新，我们就应该扩展视角，学会多角度思考。

视角的类型如表3-4所示。

表3-4 视觉的类型

序号	类型	具体解释
1	时间视角	对待时间的不同视角，影响着人们的思维，可分为过去思维视角、当下思维视角和未来思维视角
2	立场视角	立场视角可分为自我、他人、群体立场，即看到事物和世界是从自我立场出发、他人立场出发、全局立场出发
3	认知视角	可分为感性视角和理性视角
4	评判视角	评判事物的一种态度，包括肯定、否定、存疑的态度
5	对比视角	看到事物时不断会观察事物本身，还寻找其他参照物，对比事物之间的异同，即求同或求异视角

3.2.7 解开枷锁

思维枷锁一般是指随着经验的逐渐积累和思维方式逐渐固定而形成的一种思维习惯。它使得人们倾向于按照常规思维去思考和行动。

①套上枷锁的思维

"要最完美的"：追求完美，总想着要思考出最完美的方法。

"不能想太多"：当自己往别处想时，告诫自己不能想太多，从而停止继续思考。

"大家都这样想"：把大家的标准当作自己的标准，随波逐流。

"要符合规矩"：凡事都想着要符合规矩，不敢越雷池一步。

"不能让别人笑话"：怕别人笑话，不敢多想多做。

"我不擅长"：以自己不擅长、不具备天赋为由拒绝思考。

② 思维枷锁的类型和解锁方法

表 3-5　思维枷锁的类型和解锁方法

序号	枷锁类型	具体解释	解锁方法
1	自我中心型	坚持自我立场的正确性，排斥他人的思想	跳出自我主义，从他人和全局角度思考
2	一根筋型	不懂得拐弯和迂回，缺乏想象力	不钻牛角尖，学会变通，进行辩证思考
3	随波型	随波逐流，以大众看法为准，没有自己的想法	学会独立思考，不盲从他人
4	权威型	盲从于权威，不敢挑战权威，缺乏质疑精神	培养质疑精神，敢于挑战权威
5	经验型	一味盲从过去的经验，不肯改变	跳出经验主义，寻找新方法
6	定式型	习惯性地运用一种思维习惯进行思考	打破惯性思维，学会逆向思考
7	本能型	只按照自己本能思考，凭感觉进行判断和思考	养成多思考、多动手的习惯，学会理性分析

3.2.8　否定自我

否定自我是指人们勇于承认自己的不足，不满足已有的成绩，并勇于挑战自己的优势、敢于自我突破，最终实现自我超越。否定自我不是自卑，是发展，否定自我的实质是扬弃。否定自我从自我诊断开始，对比他人，听取他人意见。

陆逸谈英菲尼迪：敢于打破规则/大胆创新

2016 年是陆逸主政英菲尼迪的首次大考。英菲尼迪以 41590 辆、同比增长 8.7%、创造在华销量新高的成绩收官。从团队的重新组建到经销商体系梳理以及产品定位的调整，陆逸担任东风英菲尼迪总经理以来进行了大刀阔斧的改革。在谈及任职 8 个月以来的感受时，陆逸说："最大的改变是公司内部机构和一些流程，以及我们团队的状态"。

在中国市场，英菲尼迪还是很"年轻"的豪华品牌，提升品牌力依旧是其下阶段的重点。陆逸提出要紧跟时代，打破规则，大胆创新，"我们团队不满足于只做常规，每做一件事都是独特。"

2016 英菲尼迪三大改变

众所周知，2016 年英菲尼迪高层全面洗牌。戴雷以及高管团队里的精英人物相继离职。

2016年4月,陆逸高位接盘,出任东风英菲尼迪总经理,负责东风英菲尼迪的管理工作。过去的8个多月时间他和雷新带领新团队,面临不少困难。

进入陆逸时代的英菲尼迪在过去的2016年究竟做了哪些改变?陆逸坦言:最大的改变是公司内部机构和流程,以及团队状态的调整。"第一,2016年我们提拔了很多内部人员,同时对团队也做了整合。我和雷新也在各个问题的沟通上做到了无话不说。我觉得这个文化的变化是非常重要的。第二,我们对区域的管理进行了很多调整,因为区域是生命线,它是我们跟经销商对接的窗口。英菲尼迪现在出的营销政策接地气的程度,在行业里是数一数二。比如我们提高了经销商的现金流,对老库存的处理和订货流程进行了优化。第三,我们花了很多时间在产品上。新QX60和新QX80受到市场的极大欢迎,供不应求。"

做好品牌 没有捷径

东风英菲尼迪将2017年定为"蓄力之年"。2017年,英菲尼迪将继续加大产品投放,陆续推出QX30、Q60和Q50L中期改款车型。陆逸还向网上车市表示:"新一代QX50未来将在大连工厂投产,会针对中国市场进行一些改造。"

除了产品上持续发力,英菲尼迪品牌营销还将不断进化。怎样在目前这样一个碎片化的时代把品牌做得有特色?陆逸说:"唯一的办法就是两个字:学习。传统的营销方式是'60后''70后'制定的,但是我们面对的客户是'80后''90后',我自己都觉得过时了,所以说要突破传统,去做跨界的合作。这不容易,需要我们去学习。在现在跨行业里边为什么会出现很多黑马?就是因为它否定了原来制定的规则。传播英菲尼迪的品牌理念和方式,这方面不需要做很多事,但是每做一件事都是独特的。"

资料来源:凤凰网,http://auto.ifeng.com/xinwen

本章小结

①常用的创新方法包括模仿创新法、头脑风暴法、组合创新法、类比创新、设问检查法、逆向转化法和创意列举法等。

②常用的创新技巧包括思维导图、颠覆常识、消除偏见、挑战权威、打破规则、扩展视角、解开枷锁和否定自我等。

课后阅读

从模仿到引领创新 互联网"中国模式"被海外追捧

互联网创新在中国迸发出的巨大能量,引发全球瞩目;源源不断的创新模式,更令中国成为各国互联网行业研究的范本。中国互联网的发展,已从传统观念认为的模仿者,发展成为全球移动互联网的引领者和创新者。互联网"中国模式"正在海外市场被快速传播和复制。

海外用户点赞中国互联网应用

来自美国的留学生张美丽,最近迷上了一款叫Yi+的APP。"我在优酷看视频时,用这款 APP 可以唤醒一个虚拟的 AI 助理，陪我一起观看。更神奇的是，它能自动识别视频中的明星并显示明星介绍、相关新闻、参演作品信息、电影豆瓣评论、商品同款等，还能直接链接到淘宝平台，购买明星同款衣物。"

类似 Yi+ 的创新应用，正获得越来越多海外用户的点赞。一次街头采访中，居住在上海的外国朋友们纷纷在镜头前说出了对中国外卖应用的喜爱："点火锅的时候，不仅菜和锅会送上门，连炉子都能送过来！震惊！""甚至可以加备注，让一个帅哥来送，然后真的有帅哥上门送餐。"

来自意大利的赵云，刚来北京时闹过一次笑话。"我和几个中国朋友一起聚餐，晚饭结束后大家径直离开，居然没有人掏钱付款。我当时还在想，难道在中国吃饭不用付款吗？后来我才知道，有人用手机已经付过款了。"

高铁、支付宝、共享单车和网购，被称作中国"新四大发明"，彰显了科技创新的力量。其中，后三项都与互联网创新有关。

"中国模式"在海外快速复制

中国 APP 走向世界的脚步正在加快。来自猎豹全球智库的数据显示，无论是在美国、德国、加拿大等发达国家，还是在印度、印度尼西亚、巴西、墨西哥等发展中国家，来自中国的各式 APP 都占有相当重要的位置。

在俄语中，出现了一个类似于"剁手族"的新词——"淘戈利克"，意思是"淘宝控"。这是因为，阿里巴巴旗下的速卖通，已成为俄罗斯最受欢迎的"海淘"电商平台。在俄罗斯，一个包裹曾经需要 60 天才能收到，有人笑称，买一件薄羽绒服，收到的时候已经大雪漫天；再买一件厚羽绒服，收到的时候天气已经转暖。如今，速卖通联合菜鸟物流与俄罗斯邮政等达成战略合作，设计香港直飞莫斯科的新线路，包裹最快 4 天即可送达。在莫斯科和圣彼得堡，一些商品通过菜鸟海外仓发货，甚至可以做到次日达。

在巴西，通过向百度旗下的糯米学习经营理念、复制中国模式，团购网站 Peixe Urbano 用不到 1 年的时间，就击败竞争对手 Groupon 成为巴西第一大团购网站。其首席执行官泰伯介绍说："通过百度，我们把中国创新的模式和技术引入巴西，实现销售额翻番增长，占据了巴西团购市场 75% 的份额。"

在美国，猎豹投资的社交直播类应用 Live.me，仅用 3 个月时间，就把 YouNow 远远甩在了后面，还一举超越了 Periscope，3 个月增长率达到 967%，下载量增长了约 60 倍。"直播在中国已经风生水起了，但在美国还是一个新鲜事物。"猎豹移动 CEO 傅盛说，Live.me 沿用了中国的秀场形式，同竞争对手相比功能更丰富。

中国 APP 出海，最先成功的是工具类和摄影类，以猎豹移动的清理大师和品果科技的相机 360 为代表。如今，游戏、电商、直播、外卖、打车、共享单车、智能新闻客户端，等等，各式中国 APP 在海外市场遍地开花。

技术创新和用户体验是根本

互联网创新在中国迸发的巨大能量，引发全球瞩目；源源不断的创新模式，更令中国成为各国互联网行业研究的范本。

首先，中国互联网行业技术创新和模式创新有了明显突破。拿共享出行来说，2017年1月份巴西本地移动出行服务商99与滴滴出行签订了战略合作协议，后者将为99提供技术、运营经验和业务规划等支持。在99公司执行董事长维拉斯看来，滴滴有很多核心技术是99没有的。"比如人工智能的应用和大数据算法，这些核心技术开发起来成本高耗时长。与滴滴合作，有助于我们解决眼前的难题，比如怎样分配订单、如何提升匹配效率等，滴滴的算法非常先进。"

其次，中国互联网行业重视用户体验，能提供个性化的产品和服务。拿传音来说，"当多数品牌还在竞争硬件规格时，我们早已把焦点放在消费者体验上，这也使得我们的产品能够获得当地消费者喜爱"。传音创始人竺兆江说。再比如，在游戏领域，很多发展中国家有大量的活跃用户，但由于硬件设备功能限制，使得休闲游戏比中重度游戏更容易打入当地市场。腾讯、巨人等有针对性地提供棋牌类休闲游戏，迅速赢得了当地用户的青睐。

最后，中国互联网行业具有大规模快速复制经验的能力。拿电商领域来说，很多"一带一路"相关国家商业基础设施并不完善，存在物流成本极高、信用体系欠缺、支付体系尚待建设等情况。这一切对于阿里巴巴来说并不陌生，现在要做的就是把阿里巴巴在开拓国内市场时所做的事情重演。"我们了解历史，所以能更好预判未来。"全球速卖通总经理沈涤凡说。

基于高度成熟的消费互联网和用户庞大的移动互联网，中国互联网行业生发出了独具特色的创新模式。核心技术、商业模式、数据驱动、用户体验等的叠加效应，正使得全球互联网行业刮起了中国风。

资料来源：中国教育网，http://www.edu.cn

思考题

1. 创新方法和技巧还有哪些？
2. 在你的日常生活中有没有用到创新方法和技巧？
3. 妨碍你创新的因素有哪些？

推荐书目

[1] [日] 井上达彦著. 兴远译. 模仿的技术 [M]. 北京：世界图书出版公司·后浪出版公司，2014.

[2] [M] 约翰·波拉克著. 青立花，胡红玲，陆小虹译. 创新的本能：类比思维的力量 [M]. 北京：中信出版集团股份有限公司，2016.

参考文献

[1] 李伟,张世辉.创新创业教程[M].北京:清华大学出版社,2015.

[2] 萧潇.创意文案与营销策划[M].天津:天津科学技术出版社,2017.

[3] 季跃东.创新创业思维拓展与技能训练[M].北京:科学出版社,2012.

[4] 刘艳彬等.大学生创新创业教程[M].北京:人民邮电出版社,2016.

第4章 创业机会与商业模式

名人名言

不做准备,就是在准备失败。

——美国政治家、物理学家 本杰明·富兰克林

创业要找最合适的人,不一定要找最成功的人。

——阿里巴巴创始人 马云

当今企业之间的竞争,不是产品之间的竞争,而是商业模式之间的竞争。

——管理学家 彼德·德鲁克

学习目标

1. 了解如何发现创业机会;
2. 掌握评估创业机会的方法;
3. 掌握商业模式及商业模式画布;
4. 了解常见商业模式。

4.1 如何发现创业机会

故事引入

痛客计划:从需求端出发寻找创业机会

今年(2017年)3月1日,贵阳市人民政府在北京发布启动"痛客计划"的战略创新计划。何为痛客?其定义为发现目前尚未被满足的而又被广泛渴望的需求,痛点是产生创意、催生创业的先决条件。

痛客计划是从需求端出发,先通过全民征集痛点,选出最具商业价值的痛点后,再来向创客寻找解决方法。最佳的创客团队,会获得来自痛客平台VC或者天使机构的投资,通过资本让这个创业项目做大做强。

作为痛客计划的开端,全球首个以"痛客"为主角的比赛——首届中国痛客大赛暨社会共治·企业信用痛点主题大赛鸣锣开赛。仅仅一个月时间,这项比赛就吸引超过 2 万名痛客注册,覆盖全国 31 个省级行政区,征集到参赛痛点 2700 个。4 月 10 日,百强痛点公布,生活服务、公共管理、社会信用均是痛点"高发区",若仔细分析,不乏创业蓝海。

尽管痛点征集顺利,但如何让"有想法的人与有办法的人对接",更是衡量此平台成功与否的一大要素。

4 月 18 日,复赛 30 强痛点名单公布。公布痛客后,赛制将发生变化——创客将参与到比赛中来。据痛客组委会介绍,此次 30 强名单发布后,将开放创客认领。即日起,创客便可登录比赛官网进行痛点认领,提交商业计划书,并在 5 月中旬,根据复赛的得分和被创客认领的情况,经评审后,将公布入围总决赛的 10 组"痛客—创客对"名单。"痛客—创客对"由提出痛点的痛客和对应创客组成。5 月底,这些创客将与痛客在数博会现场进行结对比拼。

痛客大赛仅仅为我们提供了"痛客计划"雏形,在汇集民智后,创客、资本方将如何结合,我们更期待其未来给我们的答案。

资料来源:人民网

4.1.1 什么是创业机会

创业机会,就是能够提供产品或服务满足市场需求的商业机会。创业机会属于商业机会的范畴,但是它与商业机会相比有其独特性:创业机会的模糊性和风险性很大;利润回报率高;往往带来新产品或新服务,开发出新的市场。创业机会具有隐蔽性、偶然性、易逝性、时代性、潜在的赢利性及需要依托实体企业或者具体的商业行为来实现等特征。

4.1.2 创业机会的分类

①根据创业机会的来源分类

根据创业机会的来源,可分为问题型机会、趋势型机会和组合型机会。

问题型机会,指的是由现实中存在的未被解决的问题所产生的一类机会。

趋势型机会,就是在变化中看到未来的发展方向,预测到将来的潜力和机会。

组合型机会,就是将现有的两项以上的技术、产品、服务等因素组合起来,以实现新的用途和价值而获得的创业机会。

②根据目的—手段关系明确程度分类

根据目的—手段关系明确程度,可分为识别型机会、发现型机会和创造型机会。

识别型机会是指市场中的目的—手段关系十分明显时,创业家可通过目的—手段关系的连接来辨识机会。

发现型机会则指当目的或手段任意一方的状况未知,等待创业者去进行机会发掘。

创造型机会指的是,目的和手段皆不明朗,因此创业者要比他人更具先见之明,才能创造出有价值的市场机会。

4.1.3 创业机会的来源

①问题

创业的根本目的是满足顾客需求。而顾客需求在没有满足前就是问题。寻找创业机会的一个重要途径是善于去发现和体会自己和他人在需求方面的问题或生活中的难处。比如，上海有一位大学毕业生发现远在郊区的本校师生往返市区交通十分不便，创办了一家客运公司，就是把问题转化为创业机会的成功案例。

②变化

创业的机会大都产生于不断变化的市场环境，环境变化了，市场需求、市场结构必然发生变化。著名管理学大师彼得·德鲁克将创业者定义为那些能"寻找变化，并积极反应，把它当作机会充分利用起来的人"。这种变化主要来自于产业结构的变动、消费结构升级、城市化加速、人口思想观念的变化、政府政策的变化、人口结构的变化、居民收入水平提高、全球化趋势等诸方面。

比如居民收入水平提高，私人轿车的拥有量将不断增加，这就会派生出汽车销售、修理、配件、清洁、装潢、二手车交易、陪驾等诸多创业机会。

③创造发明

创造发明提供了新产品、新服务，更好地满足顾客需求，同时也带来了创业机会。比如随着电脑的诞生，电脑维修、软件开发、电脑操作的培训、图文制作、信息服务、网上开店等创业机会随之而来，即使你不发明新的东西，你也能成为销售和推广新产品的人，从而给你带来商机。

④竞争

如果你能弥补竞争对手的缺陷和不足，这也将成为你的创业机会。看看你周围的公司，你能比它们更快、更可靠、更便宜地提供产品或服务吗？你能做得更好吗？若能，你也许就找到了机会。

⑤新知识、新技术的产生

例如随着健康知识的普及和技术的进步，围绕"水"就带来了许多创业机会，上海就有不少创业者加盟"都市清泉"而走上了创业之路。

4.1.4 发现创业机会的方法

①头脑风暴法

头脑风暴法是一个创造性解决问题和产生想法的技术方法。它的目标就是产生尽可能多的想法。

②调查你所在地区的企业

另一个产生企业想法的好办法是调查你所在地区的企业情况,去周围看看,了解一下你所在地区有哪些类型的企业已经开办起来,并看看你在市场中能否找到生存的空间。

③调查你所处的环境

分析你居住地区的所有资源和机构、居民消费能力、经济发展水平、周边人群等,运用头脑风暴法获得好的企业想法。

④利用经验

首先,利用你自己的经验。你的工作经验、技术能力、社会实践经验、爱好、社会交往和家庭背景对于发现创业机会都是很重要的因素。

其次,利用别人的经验。认真倾听别人诉说的经历,他们都是潜在的顾客。问问你的家人和朋友的经历。扩大你的社会关系。问问大家,他们在寻找需要的产品或服务时遇到的问题。

4.2 如何评价创业机会

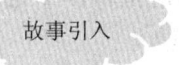

小米成全球可穿戴设备最大品牌 创业者还有哪些机会?

据 Fortune.com 报道,小米已超越苹果、Fitbit,成为全球可穿戴设备份额最大的品牌。2017 年第二季度,全球可穿戴设备累计出货 2160 万台,增长 8%。但增长主要来自价格便宜的"小米智能手环"和昂贵的"苹果智能手表"。定价、功能皆居中的可穿戴设备份额则在下跌,拖累了另一巨头 Fitbit。

小米为何能登顶?

在国际可穿戴设备市场上,苹果主推高端智能手表,功能丰富,售价高昂,品牌效应强;Fitbit 主推专业运动手表/手环,价格、功能皆处三者中间;小米主推低价运动手环,疯狂掠夺市场。

在具体产品上,小米手环已升级到二代,添加了显示屏并具有步数、心率传感器,能与APP 联动,价格是极具杀伤力的 149 元。

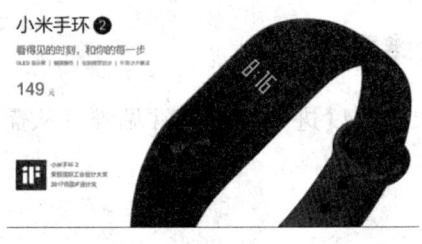

图 4-1

在Fitbit的手环产品中，无显示屏的flex2卖798元，有显示屏的Alta HR卖1298元，功能与小米手环2相似。被小米掠夺市场已是必然。

苹果的主推产品智能手表，性能远远领先，可搭载第三方APP，实际是手机的延伸。其定位也不仅限于运动，而是能满足个人全时段需求的智能产品。

此外，Apple Watch的壁垒在于品牌溢价，正如巴菲特所说：它作为消费品，而非科技产品，也有很高的用户黏度。这也让苹果成为唯一一家，凭"卖表带"和品牌合作，把智能手表轻易卖到上万的品牌。

来自中国市场的利好

小米的优势不仅在于产品性价比，还在于其立足中国市场，渠道、品牌认知方面有优势。在未来，中国市场的用户增长红利会越来越明显。

苹果、Fitbit的大本营美国，已无法支撑可穿戴设备快速增长。数据显示，成人接受可穿戴设备的比例逐年下降，预计到2020年只剩5.1%。

创业者的机会：差异化智能手表

此外，曾有业内人士认为，低价手环对中国用户的教育普及已完成。中高端产品，以华米AMAZFIT为代表，会成为下一阶段的增长主力。创业者如果研发低技术的智能手环，面对小米毫无机会。但研发智能手表，并搭载智能语音、走垂直路线，可能抢占苹果之下未被小米垄断的市场，还有突围的可能。

资料来源：投资界新芽NewSeed

4.2.1 创业机会评价的定义

当一个创业机会出现后，如何才能判断这个机会到底好不好呢？或者，当同时遇到几个创业机会时，如何才能判断出哪一个创业机会更加好呢？这就涉及对创业机会进行评价的问题。

创业机会评价就是通过一系列方法对创业机会进行全面考察和综合分析，最后做出一个比较科学的结论。世界上并不存在百分之百好的创业机会，对于创业者来说，任何创业机会都各有利弊，而且都存在一定的风险。创业者在利用创业机会之前一定要对创业机会进行科学分析与评价，然后做出选择。只有这样才能最大限度地避免创业的盲目性和随意性，增加创业成功的概率。

4.2.2 创业机会评价维度

对于创业机会，可以从很多维度进行评价。常见维度从需求、市场及效益等方面进行评价。

①需求分析

首先，判断需求的真实性。创业时会碰到形形色色的需求，有的需求是真实的，有的会是伪需求。创业者首先要对需求的真伪进行筛选。伪需求通常是用户表面上的需求，而非用户的真正痛点。伪需求的问题是，目标用户发现没有任何环节或者流程上会用到这个功能，即使能够用上也会发现付出的成本太大了。去识别需求的真伪，就需要我们深入到用户的使用场景中，而不是止步于获得表面需求。

其次，需求是不是刚需。创业者筛选出了真实的需求，还不能马上开动。我们还必须分析这个需求是不是刚需，不是刚需的真实需求做出来也是苟延残喘。具体来说可以从3点来判断：1）估计目标用户基数、消费能力，意愿预算，行业公开对比；2）可以提升多少效率，节省多少成本；3）需求是否有延伸性。

再次，衡量需求的变现能力。考虑这一点，就要想清楚这几个问题：需求可以短期变现还是中长期变现？同样的需求变现，行业内是否已有人在做？他的做法是否可以借鉴，他的产品在一定的时间内是否会和我们产生正面竞争，如果会，差异化的变现能力在哪里；如果想不到差异化，那么如何通过跟随进行弯道超车？变现是否会影响用户体验？

最后，客观分析需求，代入使用场景综合考虑。创业者要尽可能地代入到用户使用场景之中去判断需求。使用场景中会考虑到各个方面的因素影响，这就可以去观察需求的真实性。最笨但是最有效的办法就是观察用户怎么做，不要完全只看用户怎么说。用户在使用场景里会有哪些环节，有哪些外在因素会影响使用，用户老的使用流程上的问题在哪里？

②**市场评估**

1）市场定位。一个好的创业机会，必然具有特定市场定位，专注于满足顾客需求，同时能为顾客带来增值的效果。因此评价创业机会的时候，可由市场定位是否明确、顾客需求分析是否清晰、顾客接触通道是否流畅、产品是否持续衍生等，来判断创业机会可能创造的市场价值。创业带给顾客的价值越高，创业成功的机会也会越大。

2）市场结构。针对创业机会的市场结构进行6项分析，包括进入障碍、供货商、顾客、经销商的谈判力量、替代性竞争产品的威胁，以及市场内部竞争的激烈程度。由市场结构分析可以得知新企业未来在市场中的地位，以及可能遭遇竞争对手反击的程度。

3）市场规模。市场规模大小与成长速度，也是影响新企业成败的重要因素。一般而言，市场规模大者，进入障碍相对较低，市场竞争激烈程度也会略为下降。如果要进入的是一个十分成熟的市场，那么纵然市场规模很大，由于已经不再成长，利润空间必然很小，企业恐怕就不值得再投入。反之，一个正在成长中的市场，通常也会是一个充满商机的市场，所谓水涨船高，只要进入时机正确，必然会有获利的空间。

4）市场渗透力。对于一个具有巨大市场潜力的创业机会，市场渗透力评估将会是一项非常重要的影响因素。创业者应选择最佳时机进入市场，也就是市场需求正要大幅成长之际，你已经做好准备，等着接单。

5）市场占有率。从创业机会预期可取得的市场占有率目标，可以显示这家新创公司未来的市场竞争力。一般而言，成为市场的领导者，需要拥有20%以上的市场占有率。但如果低于5%的市场占有率,则这个新企业的市场竞争力不高,自然也会影响未来企业上市的价值。

6)产品的成本结构:产品的成本结构,也可以反映新企业的前景是否亮丽。例如,从物料与人工成本所占比重之高低、变动成本与固定成本的比重,以及经济规模产量大小,可以判断企业创造附加价值的幅度以及未来可能的获利空间。

③效益评估

1)合理的税后净利。一般而言,具有吸引力的创业机会,需要能够创造15%以上的税后净利。如果创业预期的税后净利是在5%以下,那么这就不是一个好的投资机会。

2)达到损益平衡所需的时间。合理的损益平衡时间应该能在两年以内达到,但如果三年还达不到,恐怕就不是一个值得投入的创业机会。不过有的创业机会确实需要经过比较长的耕耘时间,通过这些前期投入,创造进入障碍,保证后期的持续获利。在这种情况下,可以将前期投入视为一种投资,才能容忍较长的损益平衡时间。

3)投资回报率。考虑到创业可能面临的各项风险,合理的投资回报率应该在25%以上。

4)毛利率。毛利率高的创业机会,相对风险较低,也比较容易取得损益平衡。反之,毛利率低的创业机会,风险则较高,遇到决策失误或市场产生较大变化的时候,企业很容易就遭受损失。一般而言,理想的毛利率是40%。当毛利率低于20%的时候,这个创业机会就不值得予以考虑。软件业的毛利率通常都很高,所以只要能找到足够的业务量,从事软件创业在财务上遭受严重损失的风险相对会比较低。

5)退出机制与策略。所有投资的目的都在于回收,因此退出机制与策略就成为一项评估创业机会的重要指标。企业的价值一般也要由具有客观鉴价能力的交易市场来决定,而这种交易机制的完善程度也会影响新企业退出机制的弹性。由于退出的难度普遍要高于进入,所以一个具有吸引力的创业机会,应该要为所有投资者考虑退出机制,以及退出的策略规划。

"熊六刀"

"熊六刀"是易一天使评估创业项目的六条标准,由博恩集团董事长、易一天使创始人熊新翔总结多年投资经验,并结合国内外先进投资理念所创,是易一天使独门投资秘籍。

第一刀就是用户价值:用户群精准、需求刚性;第二刀是增长模式:成本低效率高;第三刀是盈利模式:简单可持续;第四刀是相对竞争:当前领域没有巨头;第五刀是市场规模:潜在市场规模足够大或增长快;第六刀是创业团队:创始人具备CEO潜质、团队优势互补。

资料来源:"微信公众号"易一天使

4.3 认识商业模式

商业模式与万达突变

自房地产市场化尤其是实行住房商品化以来,地产商实际上只有一种商业模式,拿地——开发——卖房。从1998年房改取消实物分房算起，至2017年已有19年了。我国地产商的传统开发模式、商业模式一以贯之。

万达也是以地产起家的。甚至，它与其他地产商的开发模式（拿地——开发——卖房），本质上并无不同。王健林凭借包括这种传统开发模式在内的红利，多年占据中国首富的座位。

但从2001年起，万达成为地产商里的另类。即，它卖房子是为了平衡现金流，目标是持有物业。大多数开发商房子卖完就卖完了，万达则是15年后成为全球最大的物业持有者。

回过头去看，王健林对万达商业开发模式转型的思考，早在2015年就已大致成形，2016年开始付诸行动。但由于偶然因素的激发，我们只是在2017年7月才目睹了万达一揽子买卖的"突变"。几乎所有人都大呼"看不懂"。

2017年8月9日夜里万达酒店发展（00169.HK）的公告，多少可视为王健林主动的揭秘行动。也就是说，万达轻资产将装入两个上市平台，文化旅游品牌和酒店管理装进万达酒店发展，万达广场运营管理（租金）装进正在排队IPO的万达商管A股平台。

两个公司主体（万达酒店发展和万达商业）都是名副其实的轻资产平台，这就意味着，万达的商业模式与绝大多数地产商的重资产开发模式，不再是同一棵树上的两个分枝，而是独立并行的两种模式。

资料来源:21世纪经济报道

4.3.1 商业模式的定义

商业模式是20世纪50年代由美国专家首次提出的概念，对于商业模式的定义，目前尚未有统一的认识，有关商业模式的研究还处于探索阶段。

到底什么是商业模式呢？哈佛商学院克莱顿·克里斯滕森对商业模式有个经典定义:商业模式就是如何创造和传递客户价值和公司价值的系统。它包括四个环节:客户价值主张、盈利模式、关键资源和关键流程。

通俗来讲，商业模式回答四个问题:第一，你能给客户带来什么价值？第二，给客户带来价值之后你怎么赚钱？第三，你有什么资源和能力实现前两点？第四，如何实训前两点？

4.3.2 商业模式的构成要素

以亚历山大·奥斯特瓦德的《商业模式新生代》为代表的商业模式画布模型，认为商业模式描述了企业如何创造价值、传递价值和获取价值的基本原理。并将商业模式分为九个基本构造块，具体包括：CS客户细分，VP价值主张，CH渠道通路，CR客户关系，RS收入来源，KR核心资源，KA关键业务，KP重要合作，CS成本结构。这九个构造块覆盖了商业的四个主要方面:客户、提供物（产品/服务）、基础设施、财务生存能力，可以很好地描述并定义商业模式。

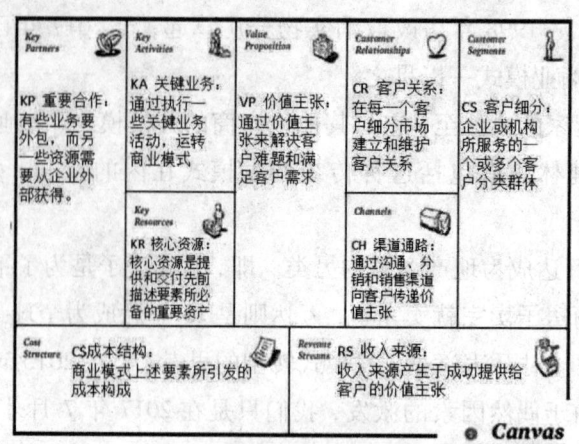

图 4-2

4.3.3 商业模式与盈利模式的关系

企业商业模式和盈利模式的最终目的都是企业盈利,但商业模式和盈利模式却有本质的区别,具体如下:

第一,商业模式包括盈利模式。商业模式是企业通过什么途径或方式来赚钱;盈利模式是企业赚钱的渠道,是企业提供销售或服务所获取利润的手段、方式。

第二,商业模式主要考虑整个企业持续发展,而盈利模式就是研究和实现如何获得最大利润的方式。

第三,商业模式的概念和内涵比盈利模式丰富。商业模式是个复合的模式,而盈利模式是其一个环节,是商业模式的核心逻辑主张之一。

4.4 常见的商业模式

故事引入

如何理解免费:从营销手段到商业模式

免费送手机、免费用软件、免费打车……每天我们几乎都被各种"免费"服务轰炸。"免费"到底是什么呢?可以肯定的是,互联网时代的免费,已经超越了一种营销手段,而成为一种真正的商业模式。

图 4-3

"00后"的小网友可能不知道,以前的杀毒软件,全部都是收费的。当时的电脑病毒还相当厉害,一个熊猫烧香摧毁了多少人的操作系统。但当360宣布第一个做免费杀毒软件之后,通过这一免费手段抢占了大量用户。用户市场打开了,品牌形象打造了,其后360通过免费杀毒,大力推广自己的浏览器、手机应用市场等渠道,成为国内一大软件巨头。可以说,"免费"成为了360公司发展的一大利器。不是开玩笑,收费的杀毒软件,现在已经死了。今时今日的电脑病毒、木马也越来越少人提起了。但是360利用"免费"服务打开市场竞争的玩法,成为了经典。

从营销手段,到商业模式

综合以上,免费,再也不是短暂或假象性的出现,而成为网络经济中一种可行的、具有持久生命力的商业模式。

"赔本儿赚吆喝"——这句俗语可以说概括了互联网时代之前的所有免费形式。很多时候,商家出于打市场、排挤竞争对手、获得声誉和知名度的目的,宁可付出短时间"赔本"以换来未来一个足以弥补这种成本的良好市场。不过,互联网时代的免费不同,它在赔本吆喝和持久盈利之间,找到了一种更具生命力和互联网精神的平衡,在资本的来源和去向之间画上了更加复杂的流通曲线。

如果说工业化时代的免费是锦上添花、成本低廉的诱惑,或者鱼死网破、破釜沉舟的非理性竞争手段,那么互联网时代的免费就是一种势在必行并可以长期可持续发展的理性战略。

资料来源:泡泡网

4.4.1 平台商业模式

①什么是平台商业模式

平台就是为合作参与者和客户提供一个合作和交易的软硬件相结合的环境。平台模式是通过双边市场效应和平台的集群效应,形成符合定位的平台分工。在这个平台上有众多的参与者,有着明确的分工,都可以做出自己的贡献,每个平台都有一个平台运营商,它负责聚集社会资源和合作伙伴,为客户提供好的产品,通过聚集人气,扩大用户规模,使参与各方受益,达到平台价值、客户价值和服务最大化。

②平台商业模式应用

移动互联网发展到今天,平台开放的商业模式已经成为主流,各个垂直领域都出现了平台型服务商。谷歌的 Search API、Google Map API、Opensocial API 等一系列还在不断增长的 API 列表以及 Andriod 操作平台、Facebook 的 F8 开放平台、腾讯的社区开放平台和微信开放平台、新浪的微博开放平台、阿里巴巴的电子商务平台,还有应用商店的 APP Store、MM 交易平台,诸如此类,不胜枚举。

③平台商业模式运营要素

第一,平台模式具有开放性特征,也就是对合作伙伴开放,合作伙伴越多,平台就越有价值,如淘宝网、亚马逊等就是典型。

第二,平台模式具有双边市场和网络外部性特征。平台企业为买卖双方提供服务,促成交易,而且买卖双方任何一方数量越多,就越能吸引另一方数量的增长,其网络外部性特征就能充分显现,卖家和买家越多,平台越有价值。如农贸市场、人才市场、淘宝、App Store 等都是双边市场,淘宝一边是卖家,另一边是买家。

第三,市场中有大量(潜在)买家和卖家需要对接,也就是说平台要具有聚合力。

第四,平台企业具有至少一项对于行业来讲是稀缺的且具有竞争力的核心能力或核心应用,如资金、品牌、关键技术、渠道通路以及核心应用,如新浪的微博、奇虎 360 的安全卫士、阿里巴巴的电子商务、腾讯的微信和 QQ,等等。

第五,平台企业与其合作伙伴没有直接的竞争关系,二者具有不同的盈利模式和市场目标。

第六,平台企业通过打造开放平台、扶持合作伙伴等策略,能为合作伙伴和第三方开发者带来利益。

4.4.2 免费商业模式

商业模式既可以统摄未来的市场,也可以挤垮当前的市场。"免费"就是这样一种商业模式,它所代表的正是数字化网络时代的商业未来。如淘宝、百度、360 等皆用免费的商业模式创造商业帝国,并改变了市场的格局。

克里斯·安德森在《免费》一书中说,新型的"免费"并不是一种左口袋出、右口袋进的营销伎俩,而是一种把货物和服务的成本压低到零的新型卓越能力。在 20 世纪"免费"是一种强有力的推销手段,而在 21 世纪它已经成为一种全新的经济模式。

免费商业模式,被称为目前最好的商业模式。尤其在互联网的虚拟经济中非常突出。在实体经济中,我们会看到许许多多商家赠送礼品和试用品等。当然这只不过是商家的一个障眼法而已。在过去的 20 世纪,免费还算是一种好的营销模式,进入 21 世纪,随着成本逐渐压低至零,免费已经成为一种新的经济模式。

传统的免费是指对企业的核心、利润最高的产品进行收费,一些附加产品、延伸产品进行让利,赠送给客户。自从互联网上盛行的免费模式对实业产生一定的影响和冲击之后,免费更具颠覆性——将核心产品完全释放,全部免费,转而对附加产品进行收费。对于消费者来说,免费意味着以后的付费;对于企业来说,免费是为吸引消费者实现成瘾消费,而更好地收费。

4.4.3 共享商业模式

自 2013 年 3 月 9 日,《经济学人》杂志在其封面文章第一次详细描述了"共享经济"(The Sharing Economy)的场景后,共享经济的模式已在深深影响着我们的观念和生活,从住宿的

Airbnb、出行的 Uber，到技能分享的 Taskrabbit 以及 Lendingclub。

在中国，从 2012 年的出行领域开始，共享经济的商业模式也在更多的行业和领域显现出来，从出行到短租平台，从物品的分享到技能、知识的分享，从 C2C 到 B2B。一大批的创业者和创新者在这条道路上探索。

共享模式的本质，归根结底是资源的优化配置，让商品、服务、数据以及智慧拥有共享渠道的商业运营模式。在"互联网+"时代，共享模式主要以移动互联网为载体，利用互联网技术促进信息的高效流通，减弱信息的不对称性，从而使得使用价值的获取更为廉价，也更为方便快捷。共享的对象可以包括汽车、房子、办公室或闲置设备等固定资产，也包括信息、能源、资金等资产。

4.4.4 连锁经营商业模式

连锁是目前很常见的一种商业模式。是指经营同类商品或服务的若干个企业，以一定的形式组成一个联合体，在整体规划下进行专业化分工，并在分工基础上实施集中化管理，把独立的经营活动组合成整体的规模经营，从而实现规模效益。标准的连锁经营，是采取由配送中心统一送货的方式来操作，各连锁单位没有独立进货的权限，独立核算。并且，在店面装修、人员服饰、企业文化等方面保持一致性。连锁经营包括直营连锁、特许连锁等形式。

"美丽田园"是国内知名的大型美容美体连锁店，总部在上海，目前已经在全国开了 40 多家分店，而且全是直营店。从产品、技术、销售方式、广告甚至是店里的音乐，40 多家店都是一模一样的。顾客不管走到哪家店，享受的服务都是一致的。就是因为保持了在产品和服务各方面的统一，"美丽田园"才能够日益壮大，成为我国美容界的著名企业。

4.4.5 经销商模式

这是目前销售模式里最常见的一种。经销商模式主要由生产商、经销商、批发商、零售商构成。生产企业利用经销商现有的渠道，组织渠道批发和零售，将产品从生产企业传递到销售终端——顾客的手中。这类模式的优点是生产企业为经销商提供产品和营销支持，经销商提供渠道，并及时反馈市场的相关信息，双方可以建立良好的合作关系，在此基础上满足双方的利益。但是，如果生产企业对经销商难以控制，当双方发生冲突时，很可能会极大地影响到生产企业的利益。目前，绝大多数企业仍然是采用这种模式。

4.5 构建商业模式与创新

故事引入

O2O + F2C + 企业联营，新兴商业模式你看懂了吗？

今天出现的这种"O2O + F2C + 企业联营"完美结合在一起的全新模式——即全球物联网

百万品牌联营,这种全新的新兴商业模式又将产生怎样的威力呢?对于消费者、厂家又有哪些好处与优势呢?

三种模式的通俗定义:

1.O2O:Online to Offline,网下体验,网上购买。

2.F2C:Factory to Customer,从工厂直接到消费者,省去中间所有环节。

3.企业联营:百万中小企业联盟,200万家中小企业抱团打包上市,全球化,提升融资能力、抗风险能力,最终成为全球最知名的品牌联营集团——逸管家。

逸管家发起的"百万中小企业联盟",将整合各行业中小企业资源,制定统一的集团战略,建立统一的集团品牌,打造全世界最大的百万中小企业品牌制造商,使全国中小企业能"手牵手"共同应对我国产业经济改革这一历史性的大方向、大动作、大机会,以便各中小企业真正突破企业发展瓶颈,破除中小企业无法做大、做强的"怪论",最终走出国门,为"制造业强国"这个国家战略而努力。

目前已经有20万家中小企业入驻逸管家平台,采用这种全新的商业模式。比如江西优时代电子商务有限公司、海口茂丰种养专业合作社等最早与逸管家达成合作协议,成为百万品牌联营中的一位。

这种新的营销模式,对传统行业、直销行业都是一次巨大的冲击。中小型工厂与零售店有自己的销售瓶颈要突破,来不及变革、跟不上时代发展的企业,淘汰只是时间早晚的问题。

今天这个全新模式正在颠覆着电子商务,正在引领新一波财富的出现。每一次新变革都必将成就一部分有眼光、有胆识的人!

你又是以怎样的目光看待这一全新模式呢?

资料来源:齐鲁晚报社

4.5.1　构建商业模式

构建商业模式是商业模式从无到有的过程,其中,商业模式的构建涉及定位、营销模式、赢利模式、关键流程等环节,主要有五个步骤:

第一步:商业模式定位;

第二步:确定目标顾客;

第三步:设计营销模式;

第四步:设计赢利模式;

第五步:设计关键流程。

商业模式的构建如下图所示。

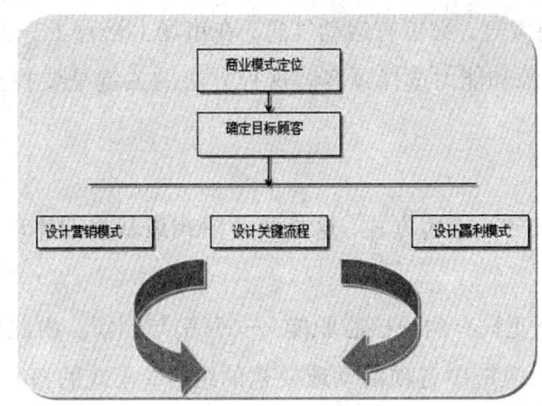

图 4-4

①商业模式定位

一旦拥有了好的创意,就要进行商业模式定位。定位是企业战略的核心,也是构建企业商业模式的起点。

商业模式的定位是企业满足客户需求的方式。定位不同,商业模式也就不同。比如,同样是满足顾客喝豆浆的需求,定位不同,商业模式就完全不同。九阳豆浆机是卖机器让顾客自己回家操作,永和豆浆大王则是开了多家连锁店,让顾客到店里来喝豆浆。

商业模式的定位主要考虑以下问题:企业要做什么?进入什么行业?企业的业务范围在哪里?在产业链上的哪一个环节?这都是企业的业务定位要回答的问题。商业模式定位一般有三种方法:

1)按照企业的产品或服务来定位,如一汽大众公司处于汽车制造行业;

2)针对某类客户群的需求来定位,如微软的定位是软件供应商;

3)按照企业所处的产业价值链环节来定位,比如苏宁电器定位与家电产品的零售商。

从本质上讲,企业的商业模式定位就是根据客户的价值主张,对企业及其合作伙伴的所有经营活动进行选择、取舍和重组的过程。

②确定目标客户

商业模式不能"老少通吃",任何一家企业的产品或服务都不能够针对社会上的所有人,所以,企业一定要寻找自己的客户目标,确定自己的目标客户。企业首先要细分市场,细分的依据很多,例如地域、年龄、性别、学历、收入、行业等。细分市场后,就要寻找自己的产品能够服务,企业也能够从中获得最大利益的客户群。确定目标客户的方法有:

首先确定一个合适的客户标准,合适的标准可以是职业标准、学历标准、行业标准等。用这个标准来识别谁是目标客户,并确定目标客户。客户标准越精准、越独到,确定目标客户的成功率就越大,商业模式成功的概率也越大。比如运动服饰品牌"Kappa",它的目标客户就是那些"宣称要运动,应该要运动,但从不运动的人"。所以,Kappa 将目标客户锁定为企业家、中高级经理人,这些人都需要运动,但因为工作繁忙、时间不规律或者其他的原因又不运动。Kappa的服饰时尚大气，又带有运动气息，在市场上培育了一大批忠实顾客。

其次，根据企业的资源和能力选择顾客。这种方法的关键是要找到其需求和企业的资源能力相匹配的客户。

③设计营销模式

营销模式是产品或服务的销售方式，这是商业模式最基本的体现，也是商业模式的实现通道。

德鲁克曾经说过，企业只有两项核心职能——营销与创新。由此可见营销在企业中的重要性。营销模式是营销价值链中各项活动或要素的组合，模式的核心源于价值链，而价值链又源于战略，所以说营销模式是实现企业商业模式和企业战略的关键。企业要设计出有效的营销模式，关键是要准确把握企业的战略核心。企业应该根据自己的战略构想或定位，从中提炼出与战略密切相关的几项关键营销活动或要素，然后再将其按照在企业营销业务运作中的步骤加以排序，这就形成了企业的营销价值链。接下来，企业还需要将营销价值链中每个环节的活动或要素根据自身的战略要求进行有机组合，这就形成了具体的营销模式。

目前，营销模式层出不穷，比如体验式营销、主题式营销、关系营销、网络营销、一对一营销等。每个企业的营销模式都是不同的，成功的营销模式并不是都能够成功复制的。企业在设计和选择营销模式时，要注意营销渠道的多样化、企业自身的自愿和条件、目标顾客的需求和喜好等。

④设计盈利模式

有了好的创意、好的营销模式和渠道，并不能说明这个商业模式就能够取得成功。更重要的是要看这个商业模式是否能够使企业盈利，而且是否能够持续地盈利。

盈利模式是指企业如何从客户创造价值的过程中获得利润。"从谁那里获得收益，谁可以分担成本"这些问题都是盈利方式需要回答的问题。行业不同，企业的盈利模式肯定不同。就算是同一行业中的不同企业，盈利模式也很可能是不同的。例如，同样是餐馆，火锅店和中餐店的盈利模式就是不同的。火锅店依靠出售没有加工的菜品来获利，中餐馆依靠加工后的菜品来赚钱。

盈利模式包括几个要素，所有企业的利润模式都是以某一个或两个要素为核心的各要素不同形式的组合。这几个要素包括利润源、利润点、利润杠杆等。

在很多情形下，企业并不只是一种盈利模式，而是可以采取多种盈利模式。因为很多企业实行多元化经营，涉及的行业较多，这样企业的盈利模式也就比较多样化。

普通游乐园是通过建立游乐设施、出售门票等方式来盈利，而迪斯尼则在此基础上，利用世界各地的迪斯尼乐园建立的卡通形象的品牌力量，整合影视、图书、玩具、礼品、服装、商业地产等多种产品来获取利润。迪斯尼通过品牌形象的多层次深入开发和利用，不但保持了迪斯尼的领先定位，也实现迪斯尼品牌多元化的盈利模式。

⑤关键流程设计

关键流程是企业的一系列的运营流程和管理流程，这些流程确保企业的价值传递方式可重复和可扩展。这些流程包括培训、产品研发、市场、预算、规划、销售和服务等日常周期性工作，此外，关键流程还包括公司的规则、绩效指标和规范等。

企业流程一般包括经营流程、管理流程和业务流程。要设计关键流程，首先要知道哪些流程是企业的关键流程，也就是关系到企业成功与否的流程。设计关键流程的方法有：

首先，根据顾客对流程的看重程度设计关键流程。

企业满足顾客的需求是通过流程的运作来实现的，但这些流程对顾客的重要性并不是相同的。企业中有一些流程对于外部顾客有着相当大的影响力。比如时装行业的关键流程是设计、银行业的关键流程是客户服务。

企业如何确定哪些流程是顾客最看重的呢？企业可以观察和了解哪些问题是顾客最关心的，比如产品价格、交货时间、产品性能等，针对这些问题，追踪其实现的流程，再把它们与流程进行相关分析，看哪些流程对哪些指标影响最大，从而根据流程的重要程度，设计流程的先后次序。

其次，根据企业的关键资源能力设计关键流程。

关键资源能力是指企业向目标客户群体传递价值主张所需的人员、技术、产品、厂房、设备和品牌，也就是企业中那些可以为客户和公司创造价值的关键要素，以及这些要素间的相互作用方式。企业有总结特定的资源能力，它最终决定企业实际运行的局部流程，即使产品或服务相同的企业，不同的资源能力也决定了企业业务流程方式的不同。

企业关键流程设计关注的是整体最优，而不是局部最优。企业关键流程设计要分析企业的关键资源能力与市场购买力是否匹配，企业的产品、服务经营战略是否符合企业内外的竞争环境，怎样建立和复制顾客关系，企业的产品或服务的特性是什么，由此确定什么样的经营流程、业务流程和管理流程，以及确定哪些是企业的关键流程。

最后，根据营销特点设计关键流程。

不同的企业具有不同的营销特性，有的企业手中掌握着产品的核心技术，能够引导顾客的需求，从而推动产品和市场的发展。如英特尔公司、微软等。在这种企业中，新产品的研发流程非常重要，是公司的关键流程。企业利用自己的产品核心技术不断推出新产品和新服务，公司的其他部门就要配合新产品研发部门。由此，在设计时要突出新产品研发的重要性，其他流程围绕产品研发来进行。有的企业手中没有核心技术，是通过不断满足顾客的新需求来寻求发展。在这类企业中，关键流程是客户关系管理。企业要随时观察和掌握顾客变化的需求，制定相应的策略来满足顾客的新需求。

将关键流程设计完成后，还要根据需要进行组织结构、岗位职能、运作方式、信息采集、经营目标等方面的调整。这些方面的调整变化，要求企业建立相应的配套体系，以协助和配合流程的实施。因此，要保证设计的流程得以顺利实施，还需要进行相关的配套设计，如组织制度设计、绩效指标设计等。

4.5.2 商业模式创新

商业模式创新是当今企业获得核心竞争力的关键。亚马逊、Zara、Netflix 等企业都是因为它们独特而具有竞争力的商业模式而异军突起,在各自竞争激烈的行业成为领袖。

①商业模式创新的动因

商业模式创新是指企业商业模式作为一个整体所发生的变化或改进。这种变化或改进可能是由一项或几项关键要素的改变所引发,但最终使商业模式作为一个整体发生改变。通俗地说,商业模式创新就是指企业以新的有效方式赚钱。

1)外部经营环境发生激烈变化

现在的时代是新经济时代,企业面对的外部环境瞬息万变,不断冲击企业原有的经营假设和条件,给企业的持续经营和发展带来极大挑战。企业现有的商业模式无论进行怎么样的改善,都将必然被更适合市场新环境的先进商业模式所取代。企业只有顺应市场的变化,不断对商业模式进行创新,才能在竞争激烈的市场中生存和发展。

2)消费者需求的变化

经济的快速发展带来收入不断增加,加上消费市场日益全球化,当前消费者的消费行为特性发生了一系列的变化,更强调个性化消费、体验式消费,更注重消费的乐趣而不是商品本身,消费者的消费需求从低层次向高层次逐渐延伸发展。面对这种变化,传统的商业模式必然难以满足。消费市场必然会迫使企业不断进行商业模式创新,以产生一系列高效的、灵活的、新型的商业模式,来满足消费者不断变化的需求。

3)商业模式的趋同化

市场竞争日趋激烈,一种成功商业模式的出现必然会带来其他企业的争相模仿,这样就会造成对商业模式的趋同化,趋同化的结果就是使顾客继续关注新的商业模式,所以一成不变的商业模式即使取得了一时的成功,也不能够永远立于不败之地。因此,企业需要不断地思考自身的商业模式,根据外部环境的变化来调整商业模式,以便获得持续的竞争优势。

②商业模式创新的主要途径

1)商业模式创新路径之一:"共享+"

随着互联网技术的推广、社交网络生态的日益成熟,以及移动终端、物联网和云计算的发展,为共享模式的创新与应用提供了更多可能,众多的共享平台如雨后春笋般涌现。从共享住宿、共享单车、共享电动车到共享充电宝,"共享+"模式随之而兴。

当滴滴刚出现的时候,出租车公司并没有任何危机感,一家不拥有一辆出租车,不拥有一个司机的互联网公司推出一款 APP,怎么能跟拥有几百万辆车、几百万司机的出租车公司相提并论?然而,当用户习惯使用软件叫车后,滴滴顺势推出了专车、顺风车、代驾、大巴等服务,专车直接威胁了出租车公司的生存,这下出租车公司才反应过来,想要打击专车服务。

但是，已势不可挡。因为出租车公司和大部分的企业一样没有意识到，在"互联网+"时代，连接比拥有更加重要。

2) 商业模式创新路径之二："社群+"

互联网时代的核心是连接。连接一切已成为互联网创造价值的独特手段。在这样的背景下，以相同价值观、共同归属感为主要特征的社群经济的兴起，成为连接人与人、用户与企业的重要方式。社群实现了人与人之间最快的连接和高度信任的互联网经济，社群将是移动互联网时代下一个红利，也将是未来商业的核动力。

社群经济是指一群有相同兴趣、认知、价值观的用户因为一个共同的目标或追求，发生群蜂效应，在一起互动、交流、协作、感染，对产品品牌产生反哺的价值关系，这种建立在产品与粉丝群体之间的"情感信任+价值反哺"，共同作用形成自组织、自运营的范围经济系统。在社群中，产品与消费者之间不再是单纯功能上的连接，消费者开始在意附着在产品功能之上的诸如口碑、文化、魅力人格等灵魂性的东西，而且很容易把这种社群文化移植到社群其他延伸品。

自从小米手机一夜崛起后，就引发了人们对小米模式研究与学习的热潮。如今小米旗下的产品数不胜数，手机、路由器、电视、笔记本、移动电源等。完全可以说，小米是由一部手机开始构建了整个商业帝国。但是不管小米的商业版图有多大，甚至有些眼花缭乱，其核心基础都离不开几千万对小米文化高度认同的米粉。

在社群3.0时代，以连接一切为目的，不仅仅是人的聚合，更是连接信息、产品、服务、内容、商业等的载体。互联网将散落在各地的星星点点的分散需求聚拢在一个平台上，形成新的共同需求，并形成了规模，解决了重聚的价值。

社群的商业价值取决于其所在领域的产业格局与营运模式，社群如何在更大格局的领域，通过多个社群之间的交互跨界演化出动态平衡的商业生态，是所有社群实现商业价值的未来所向。所以商业社群生态的根本价值，是满足社群中消费者多元化、个性化的需求。

因此，社群经济不是获取更多用户的垂青，而是围绕这群人精耕细作，服务于这群人的衣食住行，形成闭环。因此，未来企业制胜的关键不在于规模有多大，而在于拥有多少用户和社群粉丝。

3) 商业模式创新路径之三："平台+"

平台型商业模式的基础是大规模的用户量，这就要求一切必须以更好地满足用户需求为导向。其产品更为多元化和多样化，更加重视用户体验和产品的闭环设计。"平台+"模式的精髓，在于打造一个多方共赢互利的生态圈。

不过对于传统企业而言，不要轻易尝试做平台，尤其是中小企业不应该一味地追求大而全、做大平台，而应该集中优势资源，发现自身产品或服务的独特性，瞄住精准的目标用户，发掘用户痛点，设计好针对用户痛点的极致产品，围绕产品的应用场景打造核心用户群，并以此为据点快速打造品牌。

> 创新思维馆 　　　　　　　猪八戒网的"钻井"模式

　　猪八戒网最初确定的盈利模式是收项目成交佣金、会员费和广告费，但这种模式很容易赶跑用户或遇到瓶颈。并且买卖双方也不乐意，对卖方来说，好不容易到手的蛋糕不愿与平台分享；对买方来说，他也愿意把完整的蛋糕给设计师，好让他拼全力为自己干活。于是猪八戒网创始人朱明跃深刻地认识到，猪八戒网的商业模式需要革命。

　　朱明跃在深度钻研淘宝的成功要素后认为，猪八戒网最宝贵的资产是创办多年积累了海量的数据：平台已经有超过300万中小微企业，接近1000万拥有专业技能的机构或个人。除此之外，他们还有几十个T的原创作品数据，而且每一次交易还会产生大量用户行为数据。

　　那能否通过交易平台沉淀的这些资源，为平台和用户双方创造更多的价值呢？经过研究，朱明跃很快就发现：中小微企业来猪八戒网设计了标志后还需要商标注册和版权登记。于是其在2014年成立了一个商标注册服务团队，为这个平台上海量的中小微企业提供商标注册服务。结果，仅用了半年的时间，便成了国家商标总局里平均单日注册量最高的公司，收入达两三个亿。

　　猪八戒在这口"大油井"中挖到了丰厚的收益，线下商标代理机构的通过率在40%—46%，而猪标局可以达到80%以上，一跃成为国内首屈一指的商标代理机构，这就是大数据的力量。而商标注册还有后续服务，有时需要诉诸法律等。于是猪八戒网沿着从商标设计到知识产权服务再到商标注册服务，在整条产业链上延伸其他服务，如印刷服务、制造服务等。

　　钻完第一口"井"，猪八戒网开始把盈利模式从"过路费"升级为"钻井"模式。免除了平台20%的佣金（比稿、计件除外），正式挖掘数据海洋。所谓"钻井模式"，就是"平台+"模式，就是先做好交易平台，吸聚海量用户，然后通过对用户行为和习惯的数据分析，挖掘市场潜在需求，从而在整条产业链上开始延伸，做闭环服务。现在，猪八戒内部共有6支"钻井"队伍，分别从不同的地方入手，对海量数据库进行全方位的勘探。

4）商业模式创新路径之四："跨界+"

　　跨界，这个演艺时尚界的常用词，在2013年更多地出现在财经新闻里，跨界的故事一个接一个在企业界上演着。马云、马化腾涉足金融业，娃哈哈跨界进入白酒业……在这场已经开始的跨界分金盛宴中，跨界者以前所未有的迅猛，从一个领域进入另一个领域，不仅带来行业的颠覆性竞争，传统的商业模式也被整合的新商业模式所取代。

　　企业进行跨界，就内部动因而言，源于天生的扩张冲动，也是一种自我内在资源的优化利用。从外部看，消费的多元化需求给予企业提供多元化产品的可能性，同一产品领域的激烈竞争也迫使企业跨界寻找新的成长空间。

> 创新思维馆 　　　　　　　"方所"书店跨界经营

　　2011年底，在实体书店没落的背景下，"方所"在广州横空出世。占地1800平方米的广州方所，书店占500平方米，占方所面积不足1/3，超过90000册书，内容覆盖设计、建筑、文学、艺术、电影、诗歌、美食、心理学等,是集图书、生活用品、咖啡、展览与服饰时尚于一体的立体文化空间。

方所开业前两天营业额即突破30万元,日人流量最多达到1万人次。每逢周末,这里人头攒动,咖啡区一席难求,收银台前总有着一排长队。各类展览、沙龙、文化活动座无虚席,这便是方所的魅力所在。

在良好的环境中,人们不仅可以买书,还可以选衣服、买工艺品、看展览,体验文化消费。反过来,这些周边产品的利润又很好地支持了书店的发展。这样它们就能进行产业相互支撑,看衣服的人可以坐下来喝个咖啡,再拿两本书看看。

据相关数据显示,方所营业额60%都是来自精致生活用品、服装,而不是图书。与其说方所在卖书,不如说是在卖一种氛围,一种生活方式。方所策划总顾问廖美立曾说过:"我们做的不是书店,而是一个文化平台,一种未来的生活形态。"

如今进入体验经济时代,大众的物质性需求已经得到了极大满足,根据马斯洛需求层次理论,现在的消费者追求更高精神层次的满足。过去那种只靠图书经营的传统书店的盈利模式单一,而且给消费者的消费体验也不好,因此,实体书店必须转型升级。方所通过与艺术、设计、服饰产业的跨界融合,顺应了人们消费升级后对场景文化体验的更高要求。

本章小结

①创业机会,就是能够提供产品或服务满足市场需求的商业机会。根据创业机会的来源,可分为问题型机会、趋势型机会和组合型机会。根据目的—手段关系明确程度,可分为识别型机会、发现型机会和创造型机会。

②创业机会的来源包括问题、变化、创造发明、竞争和新知识、新技术的产生。发现创业机会的方法有头脑风暴法、调查你居住地区的企业、调查你所处的环境及利用经验等。

③创业机会评价可以从定性、定量角度评价,重点进行需求分析、市场分析和效益分析。

④商业模式分为九个基本构造块,具体包括:CS客户细分、VP价值主张、CH渠道通路、CR客户关系、RS收入来源、KR核心资源、KA关键业务、KP重要合作、CS成本结构。

⑤常见商业模式有平台商业模式、免费商业模式、共享商业模式、连锁经营模式、经销商模式。

⑥构建商业模式是商业模式从无到有的过程,其中,商业模式的构建涉及定位、营销模式、盈利模式、关键流程等环节。主要有五个步骤:第一步,商业模式定位;第二步,确定目标顾客;第三步,设计营销模式;第四步,设计盈利模式;第五步,设计关键流程。

⑦商业模式创新主要途径:共享+、社群+、平台+、跨界+。

课后阅读

全球最吸金的9个共享经济模式

创业家堪比段子手的想象力。华盛顿特区经济趋势基金会主席杰里米·里夫金认为,协同共享是一种新的经济模式,数十亿人既是生产者也是消费者,在互联网上共享能源、信息和实物,所有权被使用权代替,"交换价值"被"共享价值"代替,人类进入"共享经济"新纪元。

怎么玩共享交通出行模式?

交通出行是共享经济目前在全球范围影响最广、争议最多的一个领域,主要有共享租车、共享驾乘、共享自行车、共享停车位四种类型。

交通出行的共享基于巨大存量市场,把社会上大量闲置的车资源、司机资源、停车位资源等给盘活了,在改变人们出行方式的同时,指数级提升了交通闲置资源的利用率。

公司名称	国家	融资/百万
Uber	美国	7000
滴滴打车	中国	3400
BlaBlaCar	法国	110
Boatbound(游艇共享)	美国	4.5
Spinlister(自行车共享)	美国	2
Park Tag(停车位共享)	德国	0.7

怎么玩共享空间模式?

空间是无处不在的资源,但它有着明确的属性特征,主要包括共享住宿空间、共享宠物空间及共享办公场所空间三种产品形态。

传统空间拥有者想要高频次出售或短租给需求者,或者需求者想要了解房屋真实情况,交易的时间成本就非常高,但空间的共享经济则将传统的壁垒打破了,供需双方可以很快速地建立联系并沟通,信息完全对称。

公司名称	国家	融资/百万
Airbnb	美国	2300
WeWork(办公室共享)	美国	1000
HomeAway	美国	505
途家网	中国	455
小猪短租	中国	86.6
DogVacay(宠物空间共享)	美国	47
StoreFront(零售空间共享)	美国	9

怎么玩共享金融模式?

金融与互联网模式相互渗透,促使金融的共享经济需求诞生,主要有P2P网贷模式与众筹模式。

金融共享经济通过互联网平台快速高效搜寻和撮合资金的供需方,加快资金的周转速度,最大程度发挥了资金的使用价值。

公司名称	国家	融资/百万
陆金所	中国	485
Lending Club	美国	392.2
人人贷	中国	130
网贷之家	中国	约20
众筹网（众筹）	中国	不详

怎么玩共享美食模式？

国内从 2014 年开始，爱大厨、好厨师、烧饭饭等应用软件已纷纷上线。这种分享模式不在于帮人们解决吃饭或做饭问题，而是营造一种文化交流的平台。

通过这些第三方平台，好手艺的大厨们可以充分发挥自己的特长，在闲暇之余为他人提供高品质的美食，同时，也可以获得收入。把自己的闲暇和才华分享给他人，创造了意想不到的价值。

公司名称	国家	融资/百万
OpenTable	美国	48
觅食	中国	15
Kitchit	美国	8.1
烧饭饭	中国	不详

怎么玩共享医疗健康模式？

在 Pager 平台上，患者只要有需求就可以通过移动应用来预约医生，公司会从签约医生中挑选一位与患者达成 1 对 1 连接，并在 2 小时内提供上门服务。另一家共享医疗公司 Medicast 平台上的医生所提供的诊疗服务大致围绕感冒、发烧、轻微的外伤等可简单处理的病症。

另一种共享模式是对健身场馆及健身教练分享使用，如 ClassPass，采用"整进散出"的模式，通过资源整合，将纽约市的健身会馆联结在一起。

这些对于没有时间在医生办公室排队的患者来说意义重大，可以节省时间和精力；对于医生而言，也可以额外地获得一些收入，一些年轻、知名度不高、经验不足的医生也可以通过这种途径筛选针对性的病患，有效提升自身专业水平；健身场馆则可以通过这种方式增加用户黏性。

公司名称	国家	融资/百万
ClassPass（健身共享）	美国	54
Pager	美国	24.4
全城热炼（健身共享）	中国	不详

怎么玩共享公共资源模式？

Open Garden 的目标是建立一个大家可以共享 Wi–Fi 的网络，手机、平板等设备安装后每台设备都变成一个 Wi–Fi 热点，同时相互连接就形成一个庞大的 Wi–Fi 网络。随后，它又推出了不需要网络也可以发送消息的应用软件 FireChat。

另一种供分享的资源是太阳能资源，SolarCity 公司主要业务是购买闲置太阳能光伏系统，然后租赁给用户并提供安装等周边服务，通过周边服务的附加值将产品提价并从用户手中赚取差价。

公共资源的共享让众多分散的用户与数据瞬间成了可利用的资源，同时又不会造成资源的过剩，让资源的分配更均匀。

公司名称	国家	融资/百万
SolarCity（太阳能共享）	美国	1000
Fon（Wifi共享）	西班牙	71.7
平安Wifi（Wifi共享）	中国	不详

怎么玩共享知识教育模式？

中国一家公司果壳推出了一种知识分享产品——在行，将知识分享从线上引到线下。每个人都可能是一个领域的专家，让这些专家将自己的经验和知识与他人不仅在线上而且在线下进行 1 对 1 的分享，可达到更好效果。

在分享的过程中，让存在于每个人头脑中的知识发挥更大的价值，而且通过互联网的方式，打破了空间的限制，这种知识的共享可以触及地球每一个角落的人们，帮助他们提高教育水平和文明程度。这种方式本身除了对个体有价值之外，对于整个世界的发展都有着非常深远的意义。

公司名称	国家	融资/百万
知乎	中国	30
小红书	中国	约20
在行	中国	不详
TED	美国	不详

怎么玩共享任务服务模式？

帮助别人完成任务或提供各种服务。人们在网站上发布工作内容，然后别人可以领取任务，完成任务后获得相应的报酬，美国的 TaskRabbit 就是一家这样的企业。

从发布任务者的角度来说，成本低、解决速度快，而接受任务的人则可以赚些外快。这种模式下，公司也将会更"轻"更扁平。

公司名称	国家	融资/百万
猪八戒网	中国	约380
Instacart（物流配送共享）	美国	274.8
Thumbtack	美国	148.2
达达（物流配送共享）	中国	约100
人人快递（物流配送共享）	中国	15

怎么玩共享物品模式？

物品共享领域其实是最早就出现的共享形态，随着移动互联网的发展，共享物品的商业模式呈现除了物品共享、书籍共享、服装共享等之外更加多元化的形态。

在共享物品这种模式下，降低了供给和需求两方的成本，大大提升了资源对接和配置的效率。这不仅体现在金钱成本上，还体现在时间成本上。

思考题

1. 如何发现和评价创业机会？
2. 商业模式的构成要素包括哪些？
3. 常见的商业模式有哪些？
4. 如何进行商业模式创新？

推荐书目

［瑞士］亚历山大·奥斯特瓦德著.黄涛,郁婧译.商业模式新生代[M].北京:机械工业出版社,2016.

参考文献

[1] 李伟,张世辉.创新创业教程[M].北京:清华大学出版社,2015.

[2] 萧潇.创意文案与营销策划[M].天津:天津科学技术出版社,2017.

[3] 季跃东.创新创业思维拓展与技能训练[M].北京:科学出版社,2012.

[4] 刘艳彬等.大学生创新创业教程[M].北京:人民邮电出版社,2016.

[5] 易诗莲等.创业机会与商业模式[M].北京:中国商业出版社,2016.

[6] 卢彦,纳兰.社群+:互联网+企业行动路线图[M],北京:机械工业出版社,2016.

第5章 创业团队组建

名人名言

合众人之力,则无往不胜也。

——中国古典名著《淮南子》

合伙人的重要性超过了商业模式和行业选择,比你是否处于风口上更重要。

——真格基金合伙人 徐小平

企业发展就是要发展一批狼。狼有三大特征:一是敏锐的嗅觉;二是不屈不挠、奋不顾身的进攻精神;三是群体奋斗的意识。

——任正非

一次商业合伙就像一场婚姻——种瓜得瓜,种豆得豆。

——《合伙还是单干:成功合伙的8个秘密》作者阿兹里娜·杰夫

找不到合伙人的创业者不是好创业者。

——《大学生创新创业入门教程》作者张志 乔辉

学习目标

1. 单干还是合伙?
2. 如何组建高效创业团队?
3. 如何进行创业团队股权分配?

5.1 单干还是合伙

创业成功的知名合伙人团队

阿里巴巴合伙人团队:十八罗汉。阿里巴巴的成功离不开18个合伙人团队,从合伙人背景资料分析中可以看到,除5名合伙人不能确定加入阿里的背景及和马云的关系外(不纳入计算范围内），其他合伙人均与马云是夫妻、同事、亲人、朋友、校友、师生、合伙伙伴等亲密的关系。基于亲密关系的高度稳定,合伙人团队使阿里挺过难关、突破重围,造就了阿里巴巴的辉煌。

腾讯合伙人团队:五虎将。腾讯的5位创始人在创业前最主要的关系是同学和同事。马化腾认为:这样的关系心态上会好很多,可以相互吵架不记仇,而在外面萍水相逢的,遇到争执的话很容易出问题。腾讯的这种基于同学和同事关系的合伙人团队,分工明确、各有所长、相互信任、价值观一致,形成理性的标杆创始合伙人团队。

百度创始合伙人团队:七剑客。李彦宏没有国内积累的人脉,因此没有较亲密的同学、朋友资源,作为在外企工作的顶尖技术专家,通过公开招聘寻找合伙人便是可行的选择方式,但有校友关系的合伙人仍然占比达到50%。

新东方合伙人团队:三驾马车。俞敏洪、王强、徐小平同为北大校友,这样的校友关系即使在徐小平和王强离开新东方后,三个合伙人仍然保持着同志般的友谊。

文献来源:微信公众号"创业千人团"

5.1.1 单干与合伙的优劣势分析

每一个创业者在做出创业决定后,首先就会遇到这样一个问题:是自己"千里走单骑",还是与人合伙集体上阵打天下? 单干还是合伙,这是个问题。

现实中,有人单打独斗闯出了一片天地,有的"一山难容二虎"令事业半途而废,甚至对簿公堂,反目成仇;有的却精诚团结,干出了一番大事业。在个人创业高达85%的失败案例中,单枪匹马上阵的创业很容易因为势单力薄而中枪落马;而集体合作的创业团队往往又因为内部矛盾摩擦及利益分配的不均而导致解体,可谓各有利弊。

小故事

潘石屹也曾被昔日合作的3位公司小股东告上法庭。将潘石屹推上被告席的,是多年前与他一起打拼创业的伙伴。昔日的伙伴认为,潘石屹通过整体转让股权等方式清洗了他们的股份,为此向法院起诉潘石屹,索要巨额赔偿。

文献来源:微信公众号"湖北观筑律师事务所"

单干的优势主要体现在以下几个方面:
①创业者拥有全部或大部分事业,创业的过程就是实现自我价值的过程。
②创业者具有相对的独立性,不必像合伙创业那样受到团队的牵制。
③决策迅速。
④在过程、实验和方向的改变上更具有灵活性。

单干的劣势则集中在以下几个方面:
①创业者承担所有风险,失败的概率更大。
②受外部环境波动的影响较大。

③低保障。

④在创业意图上,可沟通的人少。

⑤至少在初期阶段,存在有限的规模经济和范围经济。

⑥严重的资源局限性。

普遍认为,由团队创建的新企业要比个人创建的企业更具有优势。相关调查证实,70%以上创业成功的企业,都有多名创始人或合伙人。其中,企业创始人为2~3人的占44%,4人的占17%,5人及以上的占9%。合伙创业的优势具体表现在以下六个方面:

①团队成员对工作目标及责任共同承担,容错空间更大,能够吸纳一定程度的失败。

②成员能力互补、认知共享,具有占有各种资源的优势。

③更有效的决策。

④更高的工作绩效。

⑤更加迅速地应对技术变革的能力。

⑥创业机会的识别、开发和利用能力大大提高,能够很快达到规模经济和范围经济。

合伙创业的劣势则有:

①创业者只拥有公司的部分权益,甚至只是很小的部分。

②创业者更多受到团队的牵制。

③团队内部的规则、程序和组织结构会阻碍创业者的策略调整。

④决策周期长。

事实上,如果把"合伙"定义为一种合作精神的话,那任何行业、任何企业、任何时代都无法回避合作共赢的议题。所以,与其讨论合伙好还是单干好,不如研究怎样合伙更好。合伙不易,不合伙更不容易。合伙还是单干,表面是个选择,其实是个伪命题。科学知识向纵深方向发展,社会分工越来越精细,作为单独的一个人不可能再成为百科全书式的人物,不可能具备企业所需要的所有技能和资源。

5.1.2 合伙人的选择标准

小案例

马云不被人理解的梦想,却吸引了高富帅蔡崇信。这位耶鲁大学毕业的高管,放弃年薪百万的工作加入阿里巴巴,拿着500元的月薪。蔡精通法律和财务,打造了阿里巴巴的制度框架、股权架构和管理权限划分等。当问蔡崇信为什么要放弃百万美元年薪而选择阿里巴巴时,他说:

"阿里巴巴特别吸引我的第一是马云的个人魅力;第二是阿里巴巴有一个很强的团队。1995年5月第一次见面在湖畔花园,当时他们有十几个人。第一感觉是马云的领导能力很强,团队相当有凝聚力。如果把阿里巴巴这个团队和其他团队做比较,这个团队简直是个梦之队,这里有一些做事情的人,他们在做一件让我感觉很有意思的事情。做这个人生重大抉择时,没有非常理智的依据,更多地来源于内心的强烈冲动,我喜欢和有激情的人一起合作,也喜欢冒险!所以我就决定来了,如此而已。"

文献来源:微信公众号"德至锐泽管理咨询",笔者适当加以改编

一般而言,形成创业团队的合伙人需要具备以下五个重要的组成要素:

①共同价值观

共同价值观是团队的核心和基石,是团队的灵魂,也是维系发展的精神支柱;它对创业团队来说尤为重要,具有导向、凝聚、约束和激励的作用,会成为创业团队的基因。与没有共同价值观的人合作,团队内部的关系将充满冲突和不满。尤其是在创业过程中,当遇到困难和麻烦的时候,当利益与原则冲突的时候,这种现象尤为明显。

②目标及计划

创业团队应该有一个既定的目标,为团队成员导航。没有目标,创业团队就没有存在的价值。目标在初创企业的管理中常以初创企业的远景、战略等形式体现。目标包括总目标以及各种实现总目标的计划。

③团队成员

人,是构成创业团队最核心的要素。两个及两个以上的人就能形成一个群体,当群体有共同奋斗目标时就形成了团队。在一个创业团队中,不同的成员通过分工来共同完成创业团队的目标。

④团队定位

创业团队的定位包含两层意思,一是创业团队的定位,包括创业团队在初创企业中处于什么位置,创业团队最终应对谁负责等;二是创业团队成员的定位,包括个体作为成员在创业团队中扮演什么角色等。

⑤权限划分

创业团队中,主导人物的权限大小与其团队的发展阶段和初创企业所处行业相关。创业团队内部的权限需要正确划分,这样做的目的是保证创业计划的顺利进行和各项工作的有效进展。在权限划分中,创业团队应该明确每个成员在企业运营中所拥有的权力和要承担的职责。所谓的明确,是指权限的划分不能重叠,也不能空缺。

衡量合伙人是否成功的标志并不在于彼此是否有冲突和矛盾,而是看双方是否能携手达成共同目标,并且双方能共同成长。正如衡量一个婚姻是否成功的标志并不是双方是否有矛盾和纷争,而是看双方能否携手前行,各自成熟。就如新东方的三位合伙人,不论他们经历了怎样的艰难历程和冲突,但有目共睹的奇迹是他们携手缔造了中国教育产业的第一只上市股。

5.2 如何组建高效创业团队

5.2.1 高效创业团队的特点

①开放

创业团队的目的是开创新的局面,这往往意味着开发新的技术、开拓新的市场、应用新的经营管理思想、创立新的组织形式等。这种开放性要求创业团队必须是一个具有创新观念和强大能力的集体,而且对创新气氛培养的重视远高于对规章纪律的重视。

②平等

创业团队内部往往具有高度的平等性,但这种平等并不是股权和各种权利的绝对平等,而是立足于公正基础上的平等,是建立在团队成员对团队贡献程度基础上的平等,是建立在承担责任和担当义务基础上的平等。这种平等,是保证创业团队稳定和长远发展的基础。

③互补

一个表现良好的创业团队通常具有良好的团队互补性。某些团队成员可能偏向技术,某些团队成员则偏向内部经营管理,而某些团队成员可能强于销售渠道的开拓。创业团队成员有可能在思维方式上有所不同:有些人内省,能够很好地思考自身或初创企业发生的问题,思考解决问题的方法;有些人则显得外向,能够很好地拓展企业发展所需的资源。

小案例

腾讯一开始的五个合伙人里面,其实有一种清晰明确的分工:张志东负责技术,曾李青负责销售,许晨晔是首席信息官,陈一丹是首席行政官,而马化腾则对上述工作内容和团队关系进行协调。五个人在能力方面基本互补,从而联手覆盖了一家巨头公司运营的方方面面。

文献来源:微信公众号"以太资本"

④协作

相较于个人创业来说,创业团队最大的优势就在于它的协作能力。初创企业遇到的风险和困难是多方面的,所以,团队成员的分工协作有利于规避风险和杜绝隐患。从另一个角度讲,团队成员能力的互补性也需要由团队协作来实现。

5.2.2 高效创业团队的组建过程

①明确创业目标

创业团队的总目标就是通过完成创业阶段的技术、市场、规划、组织、管理等各项工作,实现企业的从无到有、从起步到成熟。总目标确定之后,为了推动团队最终实现创业目标,再将总目标加以分解,设定若干可行的、阶段性的子目标。

②制订创业计划

在确定了总目标以及阶段性子目标之后,紧接着就要研究如何实现这些目标,这就需要制订周密的创业计划。创业计划是在对创业目标进行具体分解的基础上,以团队为整体来考虑的计划。创业计划确定了在不同的创业阶段需要完成的阶段性任务,通过逐步实现这些子目标,最终实现创业目标。

③招募合适的人员

招募合适的人员是创业团队组建最为关键的一步。关于创业团队成员的招募,主要应考虑两个方面:一是考虑互补性,即考虑其能否与其他成员在能力或技术上形成互补。一般而言,创业团队至少需要管理、技术和营销三个方面的人才。只有这三个方面的人才形成良好的沟通协作关系后,创业团队才可能实现稳定高效。

二是考虑适度规模,适度的团队规模是保证团队高效运转的重要条件。团队成员大一统则无法实现团队的功能和优势;而过多又可能会产生交流障碍,很可能使团队分裂成许多小的团体,进而大大削弱团队的凝聚力。

小案例

合适的并非就是最优秀的

一个草根创业团队在三线城市,如何用两年时间,从0到10亿元,做成中国互联网坚果第一品牌?这就是三只松鼠创造的奇迹。

三只松鼠创始人章燎原,几乎算得上从底层爬起来的人,当他辞掉詹氏食品公司总经理职位,创办三只松鼠的时候,创业团队成员包括:曾经在同一个公司打工的鼠阿M(三只松鼠客户满意中心副总监明珊珊)、章燎原发小、做过厨师开过饭馆的鼠大疯(胡厚志,工厂制造中心总监)、毕业于福建三明学院、在派代网认识的口音很重的鼠小疯(郭广宇,品牌中心总监)等。章燎原朋友不多,找不到更好的创业伙伴。

他们在内部调侃,创业团队只是比垃圾好一点点。虽然这是一句调侃,但是足以见得,在创业初期,团队是最棘手的事情。"创业初期寻找的团队不一定是最优秀的人,因为优秀的人会有更好的去处。"章燎原表示,他觉得在创业过程中什么都不是困难,真正的困难在于寻找有着共同梦想和价值观的人。章燎原曾对媒体表示,三只松鼠的员工可能没其他公司员工的素质高,但是他觉得每个人都有自己的优势和潜力,只是没有人去发掘,他愿意当这样的一个人。

就是这样一个由五人创立的公司,却于2012年6月19日上线,2012年11月11日卖出766万元销售额。到2014年11月11日,单日销售额变为1.09亿元,2014年全年销售额突破10亿元。

文献来源:微信公众号"企业家兵法",笔者整理改编

④职权划分

为了保证团队成员执行创业计划,顺利开展各项工作,必须预先在团队内部进行职权划

分。创业团队的职权划分就是根据执行创业计划的需要，具体确定每个团队成员所要担负的职责以及相应享有的权限。团队成员之间的职权划分必须明确，既要避免职权的重叠和交叉，也要避免无人承担而造成工作上的疏漏。

⑤构建创业团队制度体系

一方面，创业团队通过各种约束制度（主要包括纪律条件、组织条例、财务条例、保密条例等），指导其成员避免做出不利于团队发展的行为，对其行为进行有效的约束，保证团队的稳定秩序；另一方面，创业团队要想实现高效动作，要有有效的激励机制（主要包括利益分配方案、奖惩制度、考核标准、激励措施等），使团队成员能看到随着创业目标的实现，其自身利益将会得到怎样的改变，从而达到充分调动成员的积极性、最大限度发挥团队成员作用的目的。

⑥团队的调整融合

完美组合的创业团队并非自创业一开始就能建立起来的，很多是在企业创立一定时间之后，随着企业的发展而逐步形成的。随着团队的运作，团队组建时在人员匹配、制度设计、职权划分等方面的不合理之处会逐渐暴露出来，这时就需要对团队进行调整整合。由于问题的暴露需要一个过程，因此，团队的调整整合也应是一个动态持续的过程。在此过程中，最为重要的是要保证团队成员间经常进行有效的沟通与协调，培养和强化团队精神，提升团队士气。

课堂讨论

谷歌"三驾马车"的润滑剂

谷歌在创始之初，施密特任董事长兼CEO，佩奇为产品总裁，布林任技术总裁，他们被誉为谷歌的"三驾马车"。然而，由于佩奇和布林是技术出身，在公司决策上经常与施密特发生分歧。

为消除紧张局面，谷歌请来了时任财捷集团的董事会主席、苹果公司的两位联席领导董事之一坎贝尔担任"教练"。据报道，坎贝尔每周花两天时间到谷歌做顾问工作。他除了参加谷歌的董事会会议之外，还参加每周一进行的数小时的谷歌行政管理会议，并经常与谷歌高级管理人员进行一对一的会晤，以提出评估意见，调节管理纠纷。

经验丰富、情商很高的坎贝尔得到了谷歌董事会、创始人、施密特及其他高管的信任，成为了"三架马车"的润滑剂。谷哥"三驾马车"之所以成功，很大原因在于坎贝尔这个"顾问"的存在。

文献来源：微信公众号" HRoot"

谷哥"三驾马车"的成功，得益于坎贝尔这个"顾问"的润滑剂作用。请大家讨论：

1. 借助外来"顾问"化解合伙人团队的内部纠纷有何好处？
2. 除了"顾问"之外，还有哪些外部人员可以对合伙人团队起到协调或润滑的作用？

5.2.3　合伙人"天规"

①合伙创业天规第一条——"投名状法则"

出钱规则(各出多少？差额如何平衡？股权如何划分？)

出力规则(如何分工？谁干什么？什么责任？)

赚钱规则(赚谁的钱？用什么去赚？怎么个赚法？)

执行规则(谁去执行？怎么执行？什么责任？)

领导规则(谁来领导？资本领导？技术领导？销售领导？当赚钱的人和出钱的人不是同一个人时，谁当领导？领导权多大？集体投票权多大？)

罢免规则(领导出问题怎么办？战略出问题怎么办？哪些事件发生才可以启动罢免程序？)

退出规则(为不把矛盾扩大化，如何退出？原股退出还是议价退出？损耗成本计算标准是什么？)

②合伙创业天规第二条——"翻脸法则"(提议、动议、附议、反对、弃权、表决的议事规则)

战术失误处理规则(是换将还是换方法？)

战略失误处理规则(是换帅还是换战略？)

观点冲突处理规则(是投票平息还是专家平息？)

人格冲突处理规则(是打架解决还是司法仲裁？)

发生矛盾处理规则(是控制情绪还是找出问题？)

矛盾升级处理规则(是团伙打架还是独立决斗？)

撕破脸皮处理规则(是双双驱逐还是集体散伙？)

相互动刀处理规则(快报案！)

③合伙创业天规第三条——"绝不合伙法则"

有诈骗经历的人不能与其合伙

说话不靠谱的人不能与其合伙

对父母不孝的人不能与其合伙

言语之间眉飞色舞的人不能与其合伙

参与帮派势力的人不与其合伙

太讲哥们义气的人不与其合伙

经常挑战社会规则和公共道德的人不与其合伙

斤斤计较的人不能与其合伙

喜欢抱怨的人不能与其合伙

喜欢多嘴播弄是非的人不要与其合伙

善于发现问题但从不主动解决问题的人不要与其合伙

推诿、善辩、否认的人不要与其合伙

有严重的极端政治倾向的人，不要与其合伙

④合伙创业天规第四条——"必须有一个法则"

最好有个年纪偏大但未必有钱的人
最好有个思维活跃敢于突破的人
最好有个沉稳扎实善于刹车的人
最好有个勤俭节约善计成本的人
最好有个口才不错说话靠谱的人
最好有个善于玩社会化网络的人
最好有个有三年销售经验的人
⑤合伙创业天规第五条——"分红法则"
以出资优先的分红规则
以技术优先的分红规则
以出力优先的分红规则
以卖命优先的分红规则
以年度利润的百分之五十分红，另百分之五十做发展基金
员工之间的分红规则
员工之间的期权规则
员工之间的奖励规则
不可分资金的公益化处理规则
⑥合伙创业天规第六条——"散伙法则"
以兄弟名义合伙的散伙法则（烧掉烂账，重头来过）
以哥们名义合伙的散伙法则（一顿痛哭，各找各家）
以朋友名义合伙的散伙法则（一杯老酒，各奔东西）
以生意名义合伙的散伙法则（一纸判决，一拍两散）
⑦合伙创业天规第七条——"管理法则"
别打肿脸充胖子，能苦则苦，办公条件先不讲究，节约成本
能自己干掉的活就不要请人，请人更花钱
必须要请的人，就要不惜代价一定请到
先别追求品牌，而是要追求市场
不要一上手就做一个系列产品，最后把自己死在系列里面；
一定是主打一款产品，单点突破，野蛮生长；
大多时候，所有的领导都是干活的，必须冲到第一线；
不要一点小权在手，就摆出个领导的架子。
用最快的速度给公司做成一个市场标签，让用户记住。
尘埃初定的时候，抽空给自己歇一歇，大家聊聊问题；
不差钱的时候，把合伙人中最笨的那个送去学习；

成功了不要志得意满，而是事事警惕，市场随时会让你死去

公司有点样子的时候，快速融资快速做大

融资的时候不要过于纠结股份而错失发展良机

玩资本比玩产品要轻松一点

玩平台比玩资本又更厉害一点

能做成平台就做成平台而不要迷恋自己的"产品"

每一个资本家能活到最后的都不是傻子

5.3 如何进行创业团队股权分配

千夜旅游冯钰：输在早期股权分配

2013年5月30日，千夜旅游与中关村兴业投资签署协议，获得1000万投资，估值达到5000万元。但为何仅仅一年多就出现团队解散、业务停止的状况？反思"千夜"倒闭的原因，创始人冯钰则认为，"其实问题核心还是股份结构不合理"。

其实，千夜旅游的创始团队挺不错的：三个创始人，邸烁曾任谷歌技术总监；曹宇曾任微软、百度等设计师，是国内UI/UE设计界资深设计专家；冯钰则是在联想工作了10年的资深项目管理专家，具有多年投资分析和项目管理经验。

"最初曹宇和我最先在这个团队，我们很早之前就认识了。"创始人冯钰在回忆时说，"后来通过朋友介绍，认识了邸烁。别的机构投了一笔大钱到他那儿，他拿了一小部分在我们这儿，控股了千夜旅游，而我和曹宇两个人占小部分股份。""给操作执行团队留的股份太少，导致我们在融资时非常费力，将近六个月时间在谈融资。别人会觉得你们执行团队在早期的时候股份都这么少，担心会有风险。……站在投资人角度来看，由于执行团队股份少，他们就觉得风险非常大，第一是说你的动力不足，第二你这点股份很容易受到其他诱惑就走了。""其实问题核心还是股份结构不合理，导致A轮进不来。我们整个执行团队股份很少，剩下的都是股东，后来有两个副总裁来了谈了股份，实际上都没有兑现。"冯钰在接受采访时说道。

2014年9月初，有人发现千夜旅游网站显示业务全面停止。千夜旅游也对此发出公告，称从9月1日开始，千夜旅游会员中心、呼叫中心停止运营，机票改期、退票相关业务停止受理。

文献来源：《千夜旅游冯钰：输在早期股权分配》，笔者适当加以改编

根据国家工商总局的统计数据，截至2012年底，14.8%的企业存活期不到1年，28.8%的企业存活期不到2年，近一半(49.3%)企业的存活期不到4年。很多企业走上"一年发家，

二年发财,三年倒闭"之路。我们不去逐一分析每家创业企业具体的死因,但是,影响创业企业生死存亡的,肯定有合伙人股权。

亲兄弟,明算账,更何况是创业合伙人。在我国契约精神还不够发达,人和人之间的合作更习惯于依赖熟人的背景下,很多创业合伙人在合伙初期对各自投入的资金、精力、工作内容都缺乏约定,对产出回报的分配也缺乏约定,对大家的股权也缺乏约定,结果到了企业发展阶段,合伙人之间就利益产生争议,让很多行业的创业项目因为创始人之间的矛盾而夭折。

股权分配,是合伙人做出的最为困难的决定之一,但也是一切事情开始之前必须首要解决的问题。鉴于在股权分配中微小的不同就会导致公司重大的变化,因此,如果每个人在股权分配方面都能达成一致,就会减少未来的问题。那么,分配股权应该从哪里入手呢?股权分配中需要考量众多因素,一个好的股权分配方案,是让每个合伙人都满意。股权分配产生的问题,永远是船小好掉头。

课堂讨论

请你站在创始人的角度,就以下股权问题谈谈自己的想法:

①究竟什么是股权?

②股权该如何分配?哪些人可以获得股份?常见的分配陷阱有哪些?

③好朋友一起创业,如何书写出资协议才能不伤感情,不起纠纷?

④家族企业应该如何规划企业股权结构,使企业有序经营?

⑤如何通过股权激励平衡新老员工,解决元老退出难题、引进外部优秀人才?

⑥股权激励该从哪些方面入手?公司内部股权激励三原则"上策为买、中策为借、下策为送"如何平衡?

⑦如何利用商业计划书轻松融资?如何提升公司估值3—8倍后,吸引投资人、上下游渠道商加入?

⑧如何通过股权去打市场,通过股权去做连锁?

⑨有人投资你企业,股权怎么划分?什么是选择股东10大标准?

⑩引进外部投资股权被稀释的同时如何保持对公司的控制权?

⑪如何将分错的股份收回来?如何制定股东进退机制?

⑫公司创始人与投资人对赌协议20种方法如何应用?

⑬企业不断发展壮大,走向集团化的过程中,进行增资扩股应注意哪些问题?如何通过股权做横向并购与纵向并购加速企业发展走向上市?

5.3.1 股权分配应考虑的因素

正如其他许多事情一样,关于创始人股权的分割方法,在理论层面,有很多分歧。有些人认为创始人股权不应当平均分配,因为平均分配会导致僵局出现,从而很快地使公司走向毁灭。另一些人则认为股权分配中公平是最为重要的原则,只要平均分配股权是公平的,那么这种分配方式就是合适的。实际上,股权分配根本没有一个公式或者一个模型能够适用于所有的情况。当创始人进行股权分配时,应当考虑以下几种因素:

①这是谁的 idea?

事实上,除非有人贡献了专利技术,idea 并不是一个很重要的因素。在创业领域,一个公认的原则是,执行比 idea 更重要。MySpace 和其他社交网站的创始人与马克·扎克伯格的 idea 其实差不多,但败在他们对于 idea 的实现行动远不如 facebook 做得多。换句话说,在实现这个 idea 的过程中,谁做得多,谁就应该拿到更多股权。

②全职 VS 兼职

如果一个联合创始人辞去原来的工作并且全身心地投入公司工作,而其他人仅仅是在公司兼职,那么兼职的合伙人应当拿较少的股权。因为兼职的合伙人承担了较少的风险同时对公司付出的时间和做出的贡献也较为有限。一般而言,这类兼职合伙人的股权应当少于全职合伙人持有的股权的一半,即兼职合伙人股权 ≤ 全职合伙人股权 ÷ 2。

③工资

在创立公司早期,创始人以较少的工资或者完全放弃工资的形式来工作并不少见。但是放弃的工资不应当以股权的形式进行"支付",原因在于放弃的工资很难与股权数量相对等。此外,这种挂钩会导致较高的税费负担。同样,如果一个创始人贡献了设备、办公地点或者其他有形资产,那么最好是用可转换的债权或者种子序列的优先权来"支付"对价,而非直接用股权。

④资金投入

如果一个联合创始人向公司投入了关键资金,你可能会觉得,作为回报,他应该获得额外的创始人股权。这个想法大错特错,创始人之间的股权分配最好是以每个人对公司的工作贡献为基础进行("人力股"),并将来自创始人的资金投入视为种子期的投资,向这部分资金投入发放对应的可转换债权或者种子期序列的优先股。

⑤未来角色

每个联合创始人在公司的预期角色都是基于技能水平、才能和公司需要而定的。比如,公司在技术革新方面有强烈的需求,而其中一个创始人是一位世界级的工程专家,那么他应当获得更多的股权。请记住,公司的需求以及创始人角色的重要性会随着时间而改变,不要因为某次单一的贡献或技能而使公司的股权分配过度倾斜。

⑥未来员工

从创始人股权角度思考未来的员工问题是非常重要的。如果一个持有大量股权的创始人最后成为产品市场总监,那么试图用较少的期权雇佣其他高管的目的可能就无法实现。因此,股权分配需要将过去和未来对于公司的贡献都考虑在内。

⑦控制权

创始人股权分配不应当仅仅指望通过分配股权来确定如何控制和管理公司——你应当有一个独立的合同来确定公司如何做出重大决策。约定优先认购权在这个协议中非常重要（这个权利意为如果一个创始人想要卖掉他的股权，那么其他股东有优先购买他的股权的权利），这样就可以避免和一个你根本不认识的合伙人共事。

⑧成熟

不管你如何分配股权，这些股权都应当有成熟条件。在股权"成熟"前，创始人所拥有的是不完整的股权。这种"成熟"安排方式非常重要，因为它可以避免联合创始人在公司工作几个月离职后还持续拥有公司大量的股权。毕竟你最不希望发生的事情就是持有你公司大量股权的人却从来不为公司做任何贡献。

一个典型的成熟计划是这样的：股权的成熟期为四年，第一年结束后25%的股权成熟，这个过程能够使员工在持有公司股权前至少工作一年。剩下的股权则是以月或季度为基准进行成熟。

创始人的期权可以先成熟一部分（一般而言成熟并行权的比例最高不超过33.3%，当然你需要仔细考虑后再做决定）。创始人通常约定在公司控制权转移或无故终止时，期权将加速成熟，即股权在此情形下视为全部已成熟。

⑨稀释

在公司设立伊始，创始人拥有公司的全部。但是，当公司逐渐壮大并开始吸纳员工和投资人时，股权将不可避免地被稀释。而且几乎没有出现过公司IPO或被出售时，创始人仍然拥有公司100%股权的先例。

当你开始进行A轮融资时，你将会向投资人发行额外的股权，投资人一般拥有公司股权的25%~50%。在随后的融资中，根据谈判的情况，投资人的股权份额可能会变小也可能会和A轮融资的比例一致。但是，每轮融资，你的股权比例都会随之稀释。

此外，你还需要给未来的员工预留一定的期权池，特别是早期阶段的员工。总的来说，公司初始，给员工预留10%~20%的股权作为期权池是一个非常明智的做法。即便你没有留出，当你寻求融资时，投资人也会要求你设立期权池。如果事先已经设立，那就不需要从你的股权中分出一部分留给期权池了。换句话说，你的股权也就可以避免以这种方式稀释了。

每个公司的情况都不同，创始人股权分配方案并不存在标准答案。但是，这其中有一个隐形标准：当股权分配完毕尘埃落定时，每个联合创始人都对这个分配方案满意。如果这个分配方案让你觉得沮丧焦虑，那很可能这个方案存在问题。此时，你应当提出你的疑虑，并将这些问题解决好。如果这些问题留在后期，随着公司越来越成功，股权越来越有价值，调整股权的难度只会越来越大。因此，在创业伊始，通过创始人之间坦诚对话来解决股权分配中的分歧是非常好的方式。

小结
1. 分析至少三家创业团队,看看他们的股权结构。
2. 选择三位创业者,找一找他们经历的由于股权引发的问题。
3. 对比"80 后"和"90 后"的创业团队股权分配类型,寻找其中的异同。

5.3.2 成员关系和成员角色对股权分配的影响

在进行股权分配时,除了考虑上述影响因素之外,还需要关注成员关系和成员角色对股权分配的影响。

①成员关系对股权分配的影响

团队成员之间的关系不仅会影响成员在团队内的职务,还会影响初创企业的股权分配这一常常引起争议的决定。根据团队成员在创业前关系的不同,可分为社会关系取向和商业利益取向两种类型。

社会关系取向的团队更注重维系成员之间的关系,而不是把商业利益放在首位;而商业利益取向的团队更注重商业利益,而不是个人关系。在谈及股权分配问题时,即使成员对团队的贡献不尽相同,前一种类型的团队依然会根据社会关系的逻辑来平均分配股权;而后一种类型的团队会依据个人对团队贡献的大小来分配权益——即他们将分配的优先权给予个人贡献和商业表现突出的成员。由此可见,某种股权分配方式在一个创业团队内非常合理,可是在另一个创业团队内却可能非常糟糕。这是由创业团队的取向所决定的。

②成员角色对股权分配的影响

一方面,在"角色"不明确的创业团队中,联合创始人往往很难确定成员对团队贡献的大小。因此,团队的股权分配很可能会遵循平均分配。然而,在团队梯级和"角色"很明确的创业团队中,股权分配不平均的可能性便大大增加。股权分配也对成员角色起反作用,也就是说,获得较多股权的人可能会对创业团队施加较大的影响。

另一方面,股权是一项稀缺资源,当成员角色分配较为明确的时候,股权分配会更加合理。

小案例

"坚持的那段时间是非常痛苦的。后来,四个核心成员确定了下来。从创业的角度来说,核心团队必须要有一个老大,股份不能平分;一定要确立一个大股东,要有一个人能拍板说了算的。我们团队觉得我这个人比较靠谱,对事情有充分的热情,比较坚定,就推荐我为老大。然后把我的股份定到了最高。之后大家各自分工,在团队中处的位置都确定下来了。"

——张旭豪,饿了么创始人

文献来源:微信公众号"ideapark 铭基国际创意公园"

5.3.3 股权退出机制

很多创业团队,合伙人的变动会很频繁。在合伙人退出股权时,为避免团队股权战争问题,有以下四个建议值得大家关注:创始人发限制性股权,股权分期兑现,约定回购机制,做好预期管理。

①创始人发限制性股权

无论融资与否,上市与否,都需要套用限制性股权。创业者早期只掏了三五万元钱现金,拿了20%的股份,干了不到半年离职,公司做到五千万或者一个亿,谁都不希望看到他仅靠一点贡献就拿走一大笔钱,所以建议大家套用限制性股权。

所谓限制性股权,就是在合伙人中间离职的情况下,公司可以按照一个事先约定的价格进行回购,这就叫限制性股权。限制性股权的限制就在于分期兑现,一般约定是四年兑现,并且公司可以去回购。

②股权分期兑现

分期兑现有四种方式,第一种方式是约定四年,每年兑现四分之一。第二种方式是任职满两年兑现50%,三年兑现75%,四年100%。第二种方式是为了预防短期投机行为,小米的员工股权激励就是按照这种模式的。第三种方式就是逐年增加,第一年10%、第二年20%、第三年30%、第四年40%,即干的时间越长兑现的越多。第四种模式是干满一年兑现四分之一,剩下的在三年之内每个月兑现四十八分之一。这种模式首先干满一年才可以兑现,其次每干满一个月兑现一个,算得比较清楚。这几种模式其实对团队来讲,是不同的导向,可以根据自己的实际情况进行选择。

③约定回购机制

股份约定回购机制的关键是回购价格定多少,因为有些公司一开始约定,如果合伙人离职的情况下,双方按照协商一致的价格去回购。所以这里面有以下几种模式:

1)参照原来购买价格的溢价

比如说他原来的话10个点的股份掏了10万元钱,那如果到了两倍、三倍,那一定得是溢价。

2)参照公司净资产

当公司干到第三年、第四年的时候,那时候公司本身资产假如已经有一个亿了,你按照人家原来购买价格的溢价,那么人家干的这几年都白干了。所以对于重资产企业,可以参照净资产来定。回购,其实就是一个买断的概念,相当于把对方未来十几年的财富都断掉了,所以从公平合理的角度还得有一点溢价。

3)参照公司最近一轮融资估值的折扣价

为什么要折扣回购呢?基于几个考虑:第一,从公平合理的角度出发,因为资本就是投资公司的未来。5000万、1个亿的估值是认为未来公司值这么多钱,而这个估值是可变的,并不代表你离职的时候就是这个价格。第二,从公司现金流角度,如果完全按照公司估值,那公司现金流压力很大。第三,是从公司团队的导向出发,这个导向就是引导大家长期干。这里面用什么价格,是按照公司的不同模式。

④ 做好预期管理

退出机制怎么去落地？一定要在理念层面达成共识，之后再谈硬梆梆、冷冰冰的规则。理念层面大家先沟通到一个层面。第一，我们几个人是一起创业的，大家先得坐在一起谈一谈，这个事情我们是基于长期看，还是基于短期投资。第二，未来这个公司能不能做成，能走多远，能做多大？确定好主要贡献在于长期全职出力。第三，大家得先沟通明白，如果股份不回购对长期参与创业的股东是不是一个公平合理的事情。第四，所有合伙人要同一套标准，游戏规则值得所有人尊重。只有在理念层次沟通好了，才能够平和理性地去谈具体的规则条款。

总之，创业企业的股权分配本质上并不复杂，但创业者确实应该给予相当的重视，若能在前期花费少量时间把相关问题理顺，能起到事半功倍的效果，助力企业的良性发展。

本章小结

①如果抛开狭义的合伙人企业和制度，而把合伙定义为一种合作精神的话，那任何行业、任何企业、任何时代都无法回避合作共赢的议题。所以，与其讨论合伙好还是单干好，不如研究怎样合伙更好。

衡量合伙人是否成功的标志并不在于彼此是否有冲突和矛盾，而是看双方是否能携手达成共同目标，并且双方能共同成长。

②高效创业团队具有以下特点：开放、平等、互补、协作。

高效创业团队的组建过程：明确创业目标、制订创业计划、招募合适的人员、明确职权划分、构建创业团队制度体系、完成团队调整融合。

合伙人之间应该确立明确的合作规则，包括：投名状法则、翻脸法则、绝不合伙法则、必须有一个法则、分红法则、散伙法则、管理法则等。

③亲兄弟，明算账，更何况是创业合伙人。在我国契约精神还不够发达的背景下，更应在合伙初期对各自投入的资金、精力、工作内容等进行约定，对产出回报的分配以及股权进行约定。

影响股权分配的因素有：这是谁的idea、全职VS兼职、工资、资金投入、未来角色、未来员工、控制权、成熟、稀释等。此外，成员关系和成员角色都对股权分配产生影响。

最后，确立股权退出机制时应关注四个建议：创始人发限制性股权，股权分期兑现，约定回购机制，做好预期管理。

课后阅读

苹果公司创业初期的十大元老

作为21世纪目前最负盛名的公司，苹果公司的诞生之地也不过是一间小车库，员工加所谓的高层也就寥寥数人。但不可否认的是，羽翼渐丰的苹果公司在团队构建上确有不同凡响的手腕。这里充满着青春的活力，这些年轻人正是一种中坚力量，是他们研制了苹果计算机，并将公司发展成为与IBM一样具有同等竞争力的计算机公司。

NO.10 加里·马丁（Gary Martin）

加里·马丁是苹果公司的首位会计，他一开始并不认为苹果公司会成功，但是他还是选择成为苹果公司的财务人员，并在该职位上兢兢业业地工作。他是苹果公司的第 10 号员工，一直留到 1983 年。之后，他去了 Starstruck，一家从事太空旅行的公司。后来的几十年里，他都在不同的公司担任 CFO 工作。

NO.9 雪莉·利文斯顿（Sherry Livingston）

她是第一任苹果 CEO 迈克尔·斯科特的首任秘书，为苹果公司付出了诸多心血。在苹果公司早期，很多办公文件都是纸质文档，处理起来非常琐碎。斯科特如此评价她：她基本上做了苹果早期所有琐碎的工作。

NO.8 克里斯·埃斯皮诺萨（Chris Espinosa）

他是苹果的第 8 号员工，也是苹果公司任职时间最长的员工——他这一辈子都在苹果上班！1976 年，他只有 14 岁还在读书，就开始为苹果公司工作了。当时，他住在苹果公司的车库里，开始跟着乔布斯学写 BASIC 程序。

1981 年，在乔布斯的劝说下，克里斯辍学成为苹果公司的全职员工。当时他在苹果公司的出版部工作。此后克里斯在苹果公司参与了多个项目，他对 HyperCard、Xcode 和 Mac OS 等软件都做出过贡献。

NO.7 迈克尔·斯科特（Michael Scott）

1976 年，马库拉向苹果公司投资了 25 万美元，他迫切需要有人帮他制订商业计划，由于当时沃兹和乔布斯经验不足，于是 1977 年 2 月，他被马库拉挖到苹果当第一任 CEO。

不过，斯科特做了一系列错误的决策，他认为苹果公司需要研发打字机，实际上并没有什么用。最糟糕的是，1981 年 2 月 25 日，斯科特把 Apple II 团队的 40 多名员工全部炒掉了！

这起突发事件改变了马库拉的看法，斯科特被降职为几乎毫无实权的副主席。1981 年 7 月 10 日，斯科特正式离开苹果。此后，斯科特还在星巴克等公司工作过。

NO.6 兰迪·威金顿（Randy Wigginton）

他写了最早的苹果系统，被称作"苹果软件的基础"。当时他的主要工作是重写苹果从微软手里买过来的 BASIC 代码，让它能适应 Apple II。离开苹果后，他还在 eBay、Google、Chegg 和 Square 等公司任工程师，长期活跃在硅谷软件公司的前线。

NO.5 罗德·霍尔特（Rod Holt）

罗德于 1976 年加入苹果公司时，他也对苹果表示怀疑。罗德是 Apple II 时期的总工程师，他参与了 Apple II 的研究与开发。当时他提出每天 200 美元的薪酬，乔布斯答应了他，封他为苹果的"首席科学家"。他为 Apple II 设计了供电部分和开关电源。六年后，他被苹果的新管理层赶出了公司，此后他将兴趣转向航海和教育。

NO.4 比尔·费尔南德斯(Bill Fernandez)

他从小在硅谷长大,小学四年级就认识了沃兹,从初中到高中,比尔经常和乔布斯一起玩。比尔家的房子是典型的日式风格,他的母亲常常进行装饰。乔布斯很爱戴比尔的母亲。比尔家的极简主义设计、他对母亲的爱,都深刻地影响了乔布斯。

比尔是苹果公司的第一个全职员工,参与了苹果电脑 I 和 II 的设计工作,在他们的共同努力下,开启了苹果电脑的新时代。

可惜在 Apple II 获得成功后,苹果公司引进了 100 多名人才。比尔觉得自己只是一名小技术工,没机会晋升为工程师。在待了 18 个月后,他选择离开苹果。

1981 年,比尔重返苹果。他参与了 Macintosh 项目。Mac 推出后,他在苹果公司待了 9 年,在 Mac OS、Quick Time 和 Hyper Card 等用户界面方面做出了积极贡献。

离开苹果后,比尔去了数据库公司 Ingres 工作。目前他是智能家居公司 Omnibiotics 的 CEO。

NO.3 迈克·马库拉(Mike Markkula)

他是工程师出身,曾在英特尔任职,英特尔上市时,他已经是百万富翁。

最早,乔布斯邀请马库拉去他的车库,马库拉一下子就爱上了苹果电脑。于是他给苹果公司投资了 25 万美元(包括 8 万美元为股权投资,17 万美元为债权投资),成为苹果公司的第 3 号员工和苹果公司三分之一的股权所有者。此后的 20 年里,马库拉一直是苹果公司董事会的成员。

马库拉在苹果公司早期扮演着家长角色。他坚持让一心想去惠普的沃兹加入苹果公司。对乔布斯而言,马库拉也很重要:"他就像我的父亲,我一直都很在乎他。"

不过 1985 年,马库拉却站在了乔布斯的"死对头"约翰·斯卡利(John Sculley)那边,当时约翰·斯卡利要把乔布斯赶出苹果——事后,乔布斯感到了深深的背叛。后来,乔布斯宣布重返苹果并成立新的董事会后,马库拉就选择了离开苹果。如今的他已经是圣塔克拉拉大学的校董。

NO.2 史蒂夫·乔布斯(Steve Jobs)

那时,苹果第一任 CEO 斯科特把 1 号给了沃兹,乔布斯很不服,他觉得自己才是当之无愧的 1 号。

斯科特当然不会同意,他被马库拉找来担任苹果公司的 CEO,很重要的一个使命就是好好管教乔布斯。斯科特认为:那只会让乔布斯更加自负。于是他把 1 号给了沃兹,2 号给了乔布斯。

乔布斯为此痛哭流涕,他提出一个解决方案,他要当 0 号,斯科特同意了——可惜,美国银行的工资系统要求员工编号必须是正整数,所以乔布斯只能是 2 号。

NO.1 史蒂夫·沃兹(Steve Wozniak)

世人公认苹果公司的诞生,离不开两个史蒂夫。一个是史蒂夫·乔布斯,另一个就是史蒂夫·沃兹。

不过苹果公司的这两位缔造者却有着截然不同的性格。乔布斯张扬，沃兹低调；乔布斯贪婪，沃兹乐善好施；乔布斯像一个固执、偏激的生意人，时时刻刻追求完美，沃兹则更像是一个追求技术情趣并游离于苹果之外的人物。

沃兹一开始在惠普工作，马库拉给苹果公司投资了 25 万美元后，就极力邀请沃兹留在苹果公司。当时沃兹很不情愿，为此乔布斯运用他的现实扭曲力场，极力游说沃兹身边的人，乔布斯还在沃兹父亲面前痛哭流涕，最终沃兹选择加入了苹果公司。由于沃兹对苹果公司贡献卓著，苹果首任 CEO 斯科特钦点沃兹为第 1 号员工。

1981 年 2 月 7 日，沃兹因飞机事故失忆，整整五个星期后，他才恢复神志。之后他决定去大学完成学业，于是离开了苹果，去美国加州大学伯克利分校读了一个电气建筑和软件工程学位。

思考与测试

1. 由团队创建的新企业要比个人创建的企业更具有优势，具体表现在哪些方面？
2. 高效创业团队具有哪些特点？
3. 如何组建一支高效的创业团队？
4. 合伙人之间应遵循哪些规则？
5. 影响合伙人股权分配的因素有哪些？
6. 在合伙人退出股权时，为避免团队股权战争问题，要关注哪些问题？

推荐书目

[1] 孙洪义. 创新创业基础[M]. 北京：机械工业出版社，2016.

[2] 张志，乔辉. 创新创业入门教程. 北京：人民邮电出版社，2016.

[3] 陈晓暾，陈李彬，田敏. 创新创业教育入门与实战. 北京：清华大学出版社，2017.

参考文献

[1] 孙洪义. 创新创业基础[M]. 北京：机械工业出版社，2016.

[2] 张志，乔辉. 创新创业入门教程[M]. 北京：人民邮电出版社，2016.

第6章　创业融资

名人名言

融资关键是要尽量搞清楚，每个投资者对公司发展是有益的还是阻碍。

——腾讯创始人　马化腾

第一，市场的风险我们不愿意承担，如果这个行业根本没有需求，不愿意承担；第二是有需求，但是生意模式不行，做不大或者是有很多需求人家是不肯花钱买你的，不愿意承担；第三是对人的风险，如果这个人的品德有问题我们一般是不投的。

——今日资本创始人　徐新

在我看来，融资必须遵守"两不"原则：看不懂我们的不要投，斤斤计较的不要投。

——三只松鼠创始人　章燎原

融资和时间的关系就像是两军抢山头，谁不要命先爬上去，就可以架起机枪横扫对方。

——奇虎360创始人　周鸿祎

学习目标

1. 创业没钱怎么办？
2. 创业融资有哪些渠道？
3. 创业融资有哪些原则？

6.1　创业没钱怎么办

故事引入

融资时曾被请出去的张朝阳

1994年，已获得博士学位，并留在麻省理工（MIT）继续从事博士后研究的张朝阳，偶然在实验室里接触到了"网络"（只是局域网）。从此，他决定不再走寻常学术路，而是回国创办自己的网络公司。

31岁生日那天,张朝阳回国,正式开始了创业历程。然而,1995年的中国,风险投资和天使投资相当稀少,于是他又返回美国寻找投资人。当时的美国人对中国的互联网市场充满怀疑,几乎没人愿意听他的计划。

有一次,张朝阳去高盛拜见一位已约好的投资人,"那个老头跟我寒暄半天,突然脸色一变说:我决定不给你投资了,我来告诉你电梯怎么走,你出去吧"。张朝阳回忆道。突然的转变让他措手不及,他只好绝望地下了楼,这段经历让张朝阳印象深刻,"当时也就为了融几万美元"。他补充道。

最终,张朝阳的坚持还是打动了身边的人,他得到了MIT媒体实验室主任尼葛洛庞蒂和斯隆管理学院爱德华·罗伯特一共22.5万美元(相当于当时200万元人民币)的天使投资,注册了爱特信信息技术有限公司,并在1998年正式成立搜狐网,成为中国第一家以风险投资资金建立的互联网公司。

文献来源:微信公众号"卢松松",笔者适当改编

虽然没钱但能创业成功,这是很多人的梦想。这不是不能做到,只是无法轻易做到。创业就是一个发掘和整合资源的过程,资金是众多创业资源当中的一项重要资源,是创业项目得以顺利开展的重要保障。

创业不是一次偶尔为之的即兴行为,而是从创业动机产生到创业机会识别、创业组织设立、企业成长及创业收获的整个过程。这个过程离不开资金的支持。资金,是初创企业创立、发展与壮大所必备的战略资源之一。创业过程是一个整合资源进行创新的过程,如果缺乏资金等关键资源的支持,任何优秀的项目或好的市场机会都难以把握,导致创业失败。总之,资金是初创企业的基本构成要素之一,融资是创业者的一个重要工作内容,融资规模与融资结构都会影响创业的成功。

6.2 创业融资有哪些渠道

故事引入

马化腾:改了6版创业计划书拿到融资

1998年,马化腾和张志东等几个同学凑了50万元创办腾讯公司,主营业务是为其他公司做软件外包。1999年2月,腾讯受以色列的ICQ启发,开发出了OICQ(QQ的前身)。凭借其简洁实用的设计和功能,OICQ在校园一炮打响,然后以爆款姿态迅速扩散,注册用户数呈几何级数增长。

然而,百万级用户数不但没给小马哥他们带来收入,随之而来的服务器托管费还让公司经费不断减少。据说,大家不得不跑到香港弄些便宜的笔记本电脑,然后高价卖给内地,赚些差价。

眼看着 OICQ 要养不起了，他们想到了找风投。马化腾回忆道："深圳不像北京有海归的圈子，他们找投资人比较容易。对于腾讯而言相当困难。"但腾讯还算幸运，风投依据 ICQ 以 2.7 亿美元的价格卖给 AOL 的案例，对腾讯多少有了一些兴趣。

2000 年 4 月，马化腾拿着改了 6 个版本的 20 多页商业计划书，从 IDG 和盈科数码那里，终于拿到了 220 万美元，这两家公司也各拿走了腾讯 20% 的股份。据一位当年腾讯的员工回忆，在融资过程中，马化腾做了两次腰椎手术，第二次手术后，就平躺在床上举着笔记本办公。

文献来源：微信公众号"卢松松"，作者适当改编

创业融资，是指创业者为了将某种创意转化为商业现实，通过不同渠道，采用不同方式筹集资金，以建立企业的过程。

融资渠道，是指协助企业获取资金的来源的方向与通道。了解融资渠道的种类、特点和适用性，有利于创业者充分利用和开拓融资渠道，从而实现各种融资渠道的合理组合，筹集所需资金。

创业融资渠道按照融资对象，可以分为私人资本融资、机构融资和政府背景融资。

6.2.1 私人资本融资

世界银行的一项调查表明，我国私营中小企业创业初期的资金，90% 以上都是由创业者及创业团队的家庭和亲友所提供的。私人资本是创业初期的主要融资渠道，具体而言，包括以下内容。

①自有资金投入

尽管有些创业者没有个人投资就办起了新企业，但这种情况非常少。从资金成本的角度来说，个人资金成本最为低廉。另外，创业者在试图引入外部资金时，外部投资者一般会要求企业必须有创业者的个人资金投入其中。创业者自有资金是创业融资最根本的渠道，几乎所有创业者都向自己新创办的企业投入了个人积蓄。

创业者个人资金的投入对于初创企业来说具有非常重要的意义。创业者个人资金的投入，表明了创业者对项目前景充满信心，愿意以自己的金钱和时间来承担初创企业的风险。创业者向企业投入个人积蓄，是创业者长期对企业尽心尽力付出时间和精力的有效保障。因此，准备创业的人应从自我做起，较早就有意识地进行储蓄，作为创业资金。

②向亲友融资

向亲戚朋友融资也是初创企业较为常见的融资渠道。亲友融资是建立在亲情和友情的基础之上，而不是单纯为了获得高额利润回报。在向亲友融资时，创业者必须用现代市场经济的游戏规则、契约原则和法律形式来规范融资行为，保障各方利益，减少不必要的纠纷。

③天使投资

天使投资（Angel Investment）主要是指由自由投资者或非正式机构对有创意、有市场潜力

的创业项目或小型初创企业所进行的一项前期投资。天使投资介入初创企业的时间较早，一般在企业的种子期和初创期就已经介入了，与其他投资相比，它是最早介入的外部资金。

"天使投资"一词起源于美国百老汇，原指为公益会演提供资助的富人，人们称之为"天使"。后来这一称谓被经济领域引入，指那些资金雄厚的人士，在企业经营早期对一些具有发展前景的初创企业提供资金支持的行为。"天使"在投资过程中，既体验了创业的乐趣，同时还可能获得丰厚的投资回报。

小案例

3 年 2200 倍回报

1976 年苹果公司诞生，公司启动所需的 1000 美元来自两位创始人卖掉自己的计算机和大众汽车而获得。对于新创公司而言，钱始终是个问题，于是乔布斯去找了一个风险投资家唐·瓦伦丁。乔布斯一天好几个电话的纠缠，使瓦伦丁不堪其扰。于是他说："小伙子，我投资没问题，但你得先找个市场营销方面的专家，你们两人谁都不懂市场，对未来的市场规模也没有一个明确的概念，这样无法开拓更开阔的市场。"瓦伦丁推荐的人是迈克·马库拉，马库拉曾经投资过英特尔，并因此成名和发家。

迈克·马库拉一下子就喜欢上了苹果，他不但加入了苹果，还成为公司初期的天使投资人，不仅自己投入 9.2 万美元，还筹集到 69 万美元，外加由他担保从银行得到的 25 万美元贷款，总额逾 100 万美元。他相信这家公司会在 5 年内跻身世界 500 强。

1980 年 12 月 12 日苹果公司上市，乔布斯当日身家达到 2.17 亿美元，迈克·马库拉身家则达到 2.03 亿美元——9.2 万美元的天使投资增值了 2200 倍！

文献来源：微信公众号"房团惠"

天使投资既可以是个人投资行为，也可以是机构投资行为。

天使投资的融资程序简单，融资效率高，资金投放方式多样。天使投资人对初创企业不但可以提供资金支持，还可以提供专业知识指导和社会资源的引进等方面的支持。

天使投资有三个方面的特征：

一是直接向企业进行权益投资。二是天使投资不仅提供现金，还提供自己丰富的管理经验、专业特长、深厚的人脉关系等资源，这些是孵化一个创业企业成功的重要因素。三是投资程序简单，短时期内资金就可以到位。

目前，我国的天使投资还不够发达，但社会对天使投资已越来越关注。从 2007 年起，由《创业家》杂志发起并主办的"最受尊敬的创业天使"评选活动，主要是针对创业支持机构及天使投资领域的个人进行量化评价。2010 年评出的两位最佳天使投资人是在业界声望卓著的创业家柳传志和雷军，这充分说明天使投资人已经成为国内创业生态中的重要一环。

6.2.2 机构资金融资

随着创业企业进入发展期和成熟期,许多前景明朗的企业会逐步吸引越来越多的投资机构的资金注入。具体包括以下融资渠道。

①**银行贷款**

银行贷款是指企业通过银行为企业筹集资金,它是初创企业的重要资金来源。银行借款是企业根据借款合同向银行或其他金融机构,借入的需要还本付息的款项。银行贷款通常以风险最小化为原则,因此会要求企业提供可抵押资产,对于进入发展期或成熟期的企业,这种融资方式具有较强的适用性。

银行贷款按有无担保,可分为信用贷款和担保贷款。信用贷款是指银行出于对借款人资质的信任而发放的贷款,借贷人无须向银行提供抵押物。担保贷款是指以担保人的信用为担保而发放的贷款。

创业者在向银行申请贷款时,并非仅仅与银行打交道,往往还需要与工商、税务、中介机构等部门进行接洽,手续较为烦琐,所需时间较长。

②**商业信用融资**

这是指初创企业步入正常运营之后,逐步开发并拥有了自己的客户和供应商,通过商品交易过程中以延期付款或预收货款等方式进行购销活动而形成资金的借贷关系。

商业信用融资,是初创企业常见的融资方式,主要有以下形式:应付账款、商业汇票、票据贴现、预收货款。商业信用融资形式可以帮助企业在资金缺乏时能够彼此帮助、共渡难关。

③**融资租赁**

这是一种以融资为直接目的的信用方式,是指出租人根据承租人对租赁物的特定要求和供货商的选择,出资向供货商购买租赁物,并租给承租人使用,承租人分期向出租人支付租金。

融资租赁实质上是一种融资方式,它将融资和融物集于一体。融资租赁对于需要购买大件设备的初创企业及中小企业非常适用。企业不用支付高额费用购买设备而改为租赁,将固定投入转变为流动投入,可盘活企业运营资金,减小企业资金压力。

④**创业投资**

创业投资,又称风险投资,是指向不成熟的初创企业提供资金支持,并为其提供管理和经营服务,获取初创企业股权,以期望企业发展到相对成熟后,通过股权转让收取高额中长期收益的投资行为。

创业投资的经营方式是在高风险中追求高回报,特别强调初创企业的高成长性。其投资对象是那些不具备上市资格的、处于起步和发展阶段的企业。其投资目的是希望取得企业的少部分股权,通过资金和管理等方面的援助,促进初创企业发展,使资本增值。一旦企业发展起来,股票可以上市,风险投资家便通过在股票市场出售股票,获取高额回报。

小案例

360 创始人周鸿祎获得 IDG 创业投资

美国国际数据集团(International Data Group,IDG)是全世界最大的信息技术出版、研究、发展与风险投资公司。

1998年底,自诩为方正公司里最有才华且没有之一的程序员周鸿祎,萌生了创业的想法。他拉来两个实习生加上同学和妹妹,五个人在北京北五环外的马连洼租了个三居室,连吃带住搞开发,并很快做出了中文上网服务产品"3721"。尽管周鸿祎他们维持最低的生活水平,但最初投进去的钱还是很快烧完了。

为了让3721活下去,周鸿祎想到了找风投。但他没有任何融资经验,而且当时的风投只愿意投海归。后来遇到IDG,才获得了第一笔投资。

周鸿祎回忆当时说,第一次创业没有一点融资经验。好不容易见到一个IDG的投资人。投资人问他:"你要多少钱?"他们的心里期望值是200万美元。周战战兢兢在心里盘算了一下,说200万就够了。IDG的投资人问周:"200万美元?"周回答说:"人民币啊。"IDG压抑着心里的欣喜说,"投200万吧,但是我们要25%的股份"。

对于自己第一次"阴差阳错"的融资,周鸿祎表示没有后悔过,也从没有埋怨过IDG。IDG从3721赚了超过100倍的回报,周还是觉得蛮开心的。因为在他看来,融资和时间的关系就像是两军抢山头,谁不要命先爬上去,就可以架起机枪横扫对方。没有IDG的那笔钱,周鸿祎就无法继续进入互联网,也就没有了后来奇虎360的尝试。

文献来源:微信公众号"卢松松"

6.2.3 其他社会融资

①科技型中小企业技术创新基金

该项目是1999年经国务院批准设立的,为扶持、促进科技型中小企业技术创新,用于支持科技型中小企业技术创新项目的政府专项基金,由科学技术部科技型中小企业技术创新基金管理中心实施。

该项目重点支持产业化初期、技术含量高、市场前景好、风险较大、商业性资金进入尚不具备条件、最需要由政府支持的科技型中小企业项目,并将为其进入产业化扩张和商业性资本的介入起铺垫和引导作用。比如"863""攻关"等国家指令性研究发展计划和"火炬"等高技术产业化指导性计划,以及商业性创业投资者。

小案例

兰州大成自动化工程有限公司自运行一年来,主要进行产品开发,几乎没有收入,虽然技术的开发有了很大的进展,但资金的短缺越来越突出。当时正值科技型中小企业技术创新基金启动,企业得知后非常振奋,选择具有国际先进水平的"铁路车站全电子智能化控制系列模块的研究开发与转化"项目申报创新基金。为此,他们进一步加快了研发的速度,于1999年12月通过了铁道部的技术审查,取得了阶段性的成果。

正因为企业有良好的技术基础,其于2000年得到了创新基金100万元的资助,它不仅起到了雪中送炭的作用,而且起到了引导资金的作用。同年,该项目又得到了甘肃省科技厅50万元的重大成果转化基金,教育部"高等学校骨干教师资助计划"12万元的基础研究经费。

2001年,针对青藏铁路建设的技术需求,该项目被列入甘肃省重点攻关计划,支持科技三项费用30万元。

文献来源:微信公众号"前海股权交易中心"

②中小企业国际市场开拓资金

该项目是由中央财政和地方财政共同安排的专门用于支持中小企业开拓国际市场的专项资金。

该资金的主要支持内容包括:举办或参加境外展览会;质量管理体系、环境管理体系、软件出口企业和各类产品的认证;国际市场宣传推介;质量管理体系、环境管理体系、软件出口企业和各类产品的认证;国际市场宣传推介;开拓新兴市场;组织培训与研讨会;境外投标等方面。

市场开拓资金支持比例原则上不超过支持项目所需金额的50%,对西部地区的中小企业以及符合条件的市场开拓活动,支持比例可提高到70%。

小案例

巢湖将兑现2016年中小企业国际市场开拓项目资金31万元

据巢湖市人民政府网报道,中小企业独立开拓国际市场,巢湖市将给予专项补助资金。2017年1月10日,从巢湖市商务局获悉,巢湖市强力渔业有限责任公司、安徽金太渔具有限公司、安徽富煌三珍食品集团有限公司等7家企业将获2016年中小企业国际市场开拓项目资金31.0035万元。

其中,巢湖市强力渔业有限责任公司开拓资金项目为"中国制造网英文站金牌认证供应商",将获事后补助3.92万元;安徽金太渔具有限公司开拓资金项目为"2015年俄罗斯渔具展览会宣传",将获事后补助1.1999万元;安徽富煌三珍食品集团有限公司开拓资金项目为"RFM体系认证""USDC体系认证""CQC体系认证""BRC、IFS体系认证",将获事后补助8.3241万元。

文献来源:巢湖市人民政府新闻报道

③大学生创业优惠政策

自我国推行"大众创业、万众创新"以来,国家和地方对大学生创业在各个方面提出了大量的扶持政策。2014—2017年,在全国范围内实施大学生创业引领计划,扶持和帮助大学生创业。

各地采取保障措施,确保符合条件的高校毕业生能得到创业指导、创业培训、工商登记、融资服务、税收优惠、场地扶持等各项服务和优惠政策。

各地的公共就业人才服务机构要为自主创业的高校毕业生做好人事代理、档案保管、社会保险办理和接续、职称评定、权益保障等服务。

同时,鼓励各地充分利用现有资源建设大学创业园、创业孵化基地和小企业基地,为高校毕业生提供创业经营场所支持。

各银行金融机构要积极探索和创新符合高校毕业生创业实际需要的金融产品和服务,本着风险可控和方便高校毕业生享受政策的原则,降低贷款门槛,优化贷款审批流程,提升贷款审批效率,多途径为高校毕业生解决担保难问题,切实落实银行贷款和财政贴息。

高校毕业生在电子商务平台创办"网店",可享受小额担保贷款和贴息政策;如果是创办小微企业,可以减半征收企业所得税,月销售额不超过2万元的暂免征收增值税和营业税。

小故事

瘦瘦高高的徐麟,毕业于四川传媒学院2015届导演专业,如今是四川嘉申光年文化传播有限公司法人代表兼CEO。从2013年和同学在校组队创业,到2016年创办的企业在中国青年创新创业板挂牌上市,徐麟感谢政府在他创业路上提供的资金和资源帮助。

由于父母反对,徐麟和他的伙伴刚开始创业时,没有资金没有资源。怀揣着创业梦想,他们在网上查询到省大学生创新创业中心。此后,从初创到上市,在省大学生创新创业中心的帮助下,创业的梦想得到飞扬。"四川的创业环境和氛围非常好,聚集了众多创新型企业。"徐麟觉得,这是一个最好的创业时代,政府出台了各种各样的创业扶持政策,从资金到资源,提供全方位服务。在他的身边,创业的年轻人也越来越多。正如徐麟所感受到的,四川省实施大学生创业引领计划,已帮助4万余名大学生成功创业。

文献来源:四川日报新闻报道

④众筹平台融资

众筹,兴起于美国网站Kickstarter。该网站通过搭建网络平台面向公众筹资,让有创造力的人有机会获得他们所需要的资金,以便使他们的梦想有可能实现。这种模式利用互联网和SNS(即社会性网络服务)传播的特性,打破了传统的融资模式,每个普通人都可以通过众筹模式获得从事某项创作或活动的资金,使融资的来源者不再局限于风投等机构,而可以来源于大众。

小故事

大选众筹

最著名的众筹案例,可以追溯到2008年的奥巴马总统选举。奥巴马所属的民主党,向来不受财大气粗的大企业喜欢,筹款能力弱于共和党。但由于2008年开始以Facebook为首的社交媒体崛起,大批草根用户可以在社交媒体上表达对奥巴马的支持并参与竞争筹款活动。

众多小企业主甚至个人的支持达到了积沙成塔的效果，使奥巴马的筹款能力迅速提升。2008年竞选，奥巴马团队筹集到7.45亿美元，筹款金额甚至超过麦凯恩1倍，成功入主白宫。当时，支持奥巴马的人有320万人之众，据估计这些资金超过85%来自互联网，其中绝大部分是不足100美元的小额捐款。而这些捐几十美元的人和捐几千美元的人的投票权是一样的。

文献来源：《创新创业教育入门与实践》

众筹由发起人、跟投人、平台构成，具有低门槛、多样性、依靠大众力量、注意创意等特征。但是，众筹融资也要遵循一定的规则：

完成规则，筹资项目必须在发起人预设的时间内达到或超过目标金额才算成功。

放款规则，在预设天数内，达到或者超过目标金额，项目即成功，发起人可获得资金；筹资项目完成后，支持者将得到发起人预告承诺的回报，回报方式可以是实物，也可以是服务，如果项目筹资失败，那么已获资金按照平台规则进行发放或撤回。

回馈规则，众筹不是捐款，支持者的所有支持一定要设有相应的回报。

6.3 创业融资的原则

课堂讨论

一个电话拍下三亿融资

"我出来创业了，新成立一个基金，我给你投点钱吧。"

"可以，那你给我投一个亿吧。"

"我给你三个亿。"

2015年8月20日，三只松鼠创始人兼CEO章燎原接到了前IDG（美国国际数据集团，知名风险投资公司）合伙人、现任峰瑞资本创始人李丰的电话，李丰在电话里对章燎原表达了想要再次对三只松鼠投资的想法。

2015年9月16日，三只松鼠宣布获得总金额达3亿元人民币的第四轮融资，投资方为峰瑞基金，资金已于9月15日全部到账，至此三只松鼠估值达40亿元，成为互联网上估值最高的电商品牌。在融资发布会上，章燎原半傲娇半开玩笑称，"这笔投资我本来不想要的，但是我要支持李丰创业嘛，本打算只要1个亿，最后投了3个亿"。

2012年的3月，章燎原开始创业后与李丰第一次合作。在芜湖都宝小区的民房中，章燎原的团队请李丰吃了一大锅肉，饭后李丰问道："三只松鼠可以做到100个亿吗？"章燎原把手中的白酒一饮而尽答道："我相信三只松鼠可以。"

章燎原表示，在创业初期他接到过很多投资公司的投资意向，但是他都一一拒绝了。因为在章燎原看来，融资必须遵守"两不"原则：看不懂我们的不要投，斤斤计较的不要投。

"我是个知恩图报的人,感谢 IDG 和今日资本在创业中把我们带上了发展的正轨,现在李丰又出来创业了,我们有过很好的磨合,所以就有了这次融资。"虽然已经磨合多年,但是章燎原还是对李丰强调了自己的另一个原则:我们需要你的时候你出现,我们不需要你的时候你不要出现。

正是基于双方的信任,这次的 D 轮融资,李丰仅仅是一个电话就搞定了,峰瑞资本一个工作人员都没有到企业来,连尽职调查都没有做。对于外界的质疑,章燎原表示,做了尽职调查叫共担风险、依法履约,没做尽职调查叫以心履约、终身承诺,这种投资迫使我必须把企业做得更好。

文献来源:微信公众号"正和岛",笔者适当改编

1. 你对章燎原在接受融资过程中提出的"两不原则"有何看法?
2. 一个电话就拍下三亿元的融资,三只松鼠创始人章燎原与投资人李丰之间的关系是如何维系的?

筹集创业资金时,创业者应在自己能承受的风险的基础上,遵循既定的原则,尽可能以较低的成本及时获得足额创业资金。一般来说,创业融资应遵循以下原则。

①**合法性原则**

创业融资作为一种经济活动,影响着社会资本及资源的流向和流量,涉及相关经济主体的经济权益,创业者必须遵守国家的有关法律法规,依法依约履行责任,维护相关融资主体的权益,避免非法融资行为的发生。

②**合理性原则**

在创业的不同时期,创业资金的需求量不同,能够采用的融资方式可能也不同,创业者应根据创业计划,结合创业企业不同发展阶段的经营策略,运用相应的财务手段,合理预测资金需求量,详细分析资金的筹集渠道,确定合理的经营结构,包括股权资金和债权资金的结构,以及债权资金内部的长短期资金的结构等,为企业持续发展植入"健康的基因"。

③**及时性原则**

在市场经济条件下,机会稍纵即逝的特性要求创业者必须能够及时筹集所需资金,将可行的项目付诸实施,并根据初创企业不同阶段的资金需求,使融资和投资在时间上协调一致,避免因资金不足影响生产经营的正常进行。同时也要防止资金过多造成的闲置和浪费,将资金成本控制在合理的范围之内。

④**效益性原则**

投资收益和融资成本的对比是创业者在融资之前要做的首要工作。只有投资的报酬率高于融资成本,才能够使创业者实现创业目标;而且投资所需的资金数量决定了融资的数量,对创业项目投资的估计也会影响融资方式和融资成本。因此,创业者应在充分考虑投资效益的基础上,确定最优的融资组合。

⑤杠杆性原则

创业者在筹集创业资金时,应选择有资源背景的资金,以便充分利用资金的杠杆效应,在关键的时候为企业发展助力。创业者不能盲目地"拜金",找到一个有资源背景的基金更有利于企业的持续快速发展。

本章小结

①创业就是一个发掘和整合资源的过程,资金是众多创业资源当中的一项重要资源,是创业项目得以顺利开展的重要保障。融资,是创业者的一个重要工作内容,融资规模与融资结构都会影响创业的成功。

②创业融资渠道按照融资对象,可以分为私人资本融资、机构融资和政府背景融资。

③筹集创业资金时,创业者应在自己能承受的风险的基础上,遵循既定的原则:合法性原则、合理性原则、及时性原则、效益性原则、杠杆性原则。

课后阅读

天天说融资,你知道你为什么要融资吗?

什么时候开始融资?

纠正一个创业者常常陷入的误区:没钱的时候才要融资。这是完全不正确的。

如果你手里有点儿闲钱,认为可以先集中精力做些别的事情,那么一分钱都拿不出来的时候你会发现融资非常困难。因为融资本身也需要时间,大多数项目并非想融资的时候就可以火速融到。而这段时间内你的项目无法正常运转,拿这样的项目去融资往往令人生疑。

即便你非常有钱,也不应该天真地认为自己可以支撑整个项目——A 轮之前或许还可行。培养风险意识,让更多的人分享你的事业并分担一部分风险。这是正确的资产管理之道,有钱的你不会疏于理财的。

融资是为了发展,不是为了生存。你的每一笔融资使你在一定时间内更进一步,而非原地踏步,烧投资人的钱。这也是我们建议将更多资金投入研发而非推广的原因。

所以融资的正确时机在"需要钱的时候",也就是说,当我们产生了一个用钱的计划(半年或一年期),包括但不限于房租、工资、耗材、宣传等,我们就优先考虑为这个计划去融资,而不是自掏腰包承担这部分预算。

融资的意义?

没钱的时候当然要融,有钱的时候为了分担风险也要融。除了这些财务上的功能,创业项目融资还有什么意义呢?

①获取指导:投资方,尤其是天使投资人,常常是行业中的大佬或成功的前创业者。他们具备挑选项目的眼光,自然也有培植项目的能力。他们提供的关于产品、技术方面的专业意见,或者关于公司管理、商业模式、战略方向的经验及思考对创业公司是无价之宝,远重

于钱。

②获取资源:仍然以天使投资人为例。他们具有资金以外的资源,包括但不限于政府、媒体、人才、市场渠道及下一轮融资的渠道等。为了扶持早期项目,天使投资人往往愿意向创业者提供这些资源,事实上很多创业者在选择资方的时候就是以这些资源为依据的。

③获取背书:天使投资人即便不向创业者提供指导和资源仍然有其价值,那就是背书。一个有名的投资人投了你的项目,这说明你的项目获得了一个名人的认可。只要投资人愿意透露这起融资消息,你就获得了一个闪亮的宣传点。即便投资人不愿公开披露信息,在小范围的交谈中你仍然可以拿出资方的名号作为强有力的保障。

④加快速度:也许自有资金足够支持项目稳健发展,那么双倍的资金有没有可能使项目疯狂生长一回?当你还在犹疑时,你的竞争对手可能已经采用了这条策略。也许你觉得在项目早期便大把烧钱很愚蠢,但事实是很多安静的项目被狂躁而冒进的项目用钱砸死了。赶超对手,或者被赶超。为了应对激烈的竞争,融资吧!

思考与测试
1. 融资对于创业的重要性是什么?
2. 创业融资渠道按照融资对象,可以分为哪些渠道?
3. 创业者个人资金的投入对于初创企业来说有何意义?
4. 在向亲友融资时,创业者应如何规范融资行为,减少不必要的纠纷?
5. 天使投资有何优点和特点?
6. 机构融资一般包括哪些融资渠道?
7. 众筹融资要遵循哪些规则?

推荐书目
陈晓暾,陈李彬,田敏.创新创业教育入门与实战[M]北京:清华大学出版社,2017.

参考文献
[1]孙洪义.创新创业基础.北京:机械工业出版社,2016.
[2]张志,乔辉.创新创业入门教程.北京:人民邮电出版社,2016.
[3]张秀娥.创业管理[M].北京:清华大学出版社,2017.

第7章 创业计划书

名人名言

无论面对什么事情,订最好的计划,尽最大的努力,做最坏的准备。

——古谚语

用强悍又善诱的创业计划书,把你的商业金点子转化成金子。

——安德鲁·查克阿拉基斯

没有商业计划你不能筹集到资金……就它本身而言,一份创业计划就是一项艺术性的工作。它是表达企业和赋予企业人格化的证明……你需要寻求区别你的创业计划与众不同之处。

——美国创业管理专家 约瑟夫·R.曼库索

如果你想像乔布斯一样,将雄心勃勃的愿景变成现实,你需要极佳般的沟通技巧来使投资人、消费者、潜在的员工等人相信关心你的前景是很有必要的。擅长讲故事可以成为最强有力的工具,来帮助传播升级你的美好愿景。

——Steve Vassallo, Foundation Capital 合伙人

学习目标

1. 什么是创业计划书?
2. 为什么要撰写创业计划书?
3. 如何撰写创业计划书?
4. 如何做好创业路演?

7.1 什么是创业计划书

什么是创业计划书?

刘先生是山西某县办企业的承包人,该企业加工一种很稀有的矿石,出口创汇前景非常可观。然而,该企业的生产设备陈旧,电力供应时常中断,生产能力严重不足。眼睁睁地看着大好商机将失之交臂,刘先生不甘心,他来到北京寻找投资商为项目融资。

刘先生遇到的第一个问题是投资商要看创业计划书之类的融资项目介绍文件。之后,投资商又要求刘先生提供律师的尽职调查报告。面对这些问题,刘先生一头雾水,不知如何是好。

创业计划书,又叫创业计划书(Business Plan, BP),是全面介绍公司或项目发展前景并阐述产品、市场、竞争、风险及投资收益和融资要求的书面材料。

创业计划书对创业者来说,至少相当于一份地图对于一位旅游者所起到的作用。制订创业计划的整个过程,也是创业者的一个开业模拟实验。在此过程中,创业者会发现许多问题并为解决问题设计方案。而且,随着创业过程的实施,创业计划也要相应做出细节上的调整。切实可行的计划,不仅能增强创业者的信心,也能赢得融资人的信任,让创业者获得竞争优势。

7.2 为什么要撰写创业计划书

创业计划书启动财富梦

王琪本是一家医院的护士,经常参加医院组织的母婴护理培训,并取得了资格证书。有一次她到北京帮亲戚照顾坐月子的新妈妈,却发现了一个大商机:很多孕产妇都是北京的"新移民",娘家和婆家都离得太远,老人又不能来北京照顾,因此她们只能靠夫妻二人。但由于缺乏产期护理知识和对新生儿的护理经验,小夫妻对此十分头痛,有人甚至还因为恐惧患上了产后忧郁症。

王琪脑海里突然灵光一现:北京市每年有数以万计的产妇,如果自己开家小型宾馆,专门为那些没有亲人在身边的产妇提供"坐月子"的专业护理服务,一定会大有市场!

想法倒是有了,但是可行吗?于是她开始马不停蹄地奔走于北京各大医院的妇产科病房,进行市场调查。王琪询问一些老家在外地的年轻新妈咪:如果有一个既宽敞又卫生的地方,能专门照顾产妇和婴儿,不需家人帮忙和插手,你们会愿意吗?结果许多产妇说,如果真有这么个好地方,我们马上就去!这下王琪心里有底了,开始认真制订她的创业计划书。

在看完了她的创业计划书之后,开宾馆的同乡马先生觉得可行,于是把自己部分房间承包给她做成"月子客房",由她提供专业配套服务,而宾馆提供日常必需品,收费略低,房间租金也便宜。就这样,北京首家月子宾馆——新妈咪月子屋成立了。

在报纸上登出广告的当天,她就接到 30 多个咨询电话,并很快迎来了第一对顾客。之后,通过产妇们的口口相传,仅仅半年多时间,王琪的"月子宾馆"便渐渐有了名气。很快地,王琪包下了整幢宾馆的三百多个房间,手下有上百人。不仅北京白领把来此坐月子当成一种时尚,她的"月子宾馆"还吸引了大批在京工作的外国产妇呢!

资料来源:节选自《创新创业教育入门与实践》p248

是否撰写创业计划书,历来有不同观点。有人认为创业计划书没有多大作用,创业就是实干而不是在纸上空想,如果说创业计划书有用,也仅仅是为了在融资时给投资人看的。有人认为创业计划书能帮助创业者认真梳理创业思路,检验创业的可行性,对创业活动有很好的指导作用。

实际上,无论创业者有没有在纸上写出创业计划书,但在每一个创业者的心里,都有一份创业计划存在。创业计划就如同制订的一个目标,尽管目标可以随时调整,但目标的存在有助于评判创业过程中每一阶段任务的完成情况。

具体而言,创业计划书具有以下功能。

7.2.1 融资功能

规范的创业计划书通常是企业成功融资的必备文件之一,创业计划书包含了投资决策所关心的全部内容,如企业商业模式、产品和服务模式、市场分析、融资需求、运作计划、竞争分析、财务分析、风险分析等。创业计划书不仅对融资具有重要作用,而且对企业的发展具有战略指导意义。

7.2.2 沟通功能

对于创业者而言,创业计划书是创业者与投资人之间必要的,也是最佳的沟通工具,创业者的项目价值、创业前景、实现计划等重要信息,都可以通过创业计划书向融资对象全面展示。

7.2.3 管理功能

创业计划书可以引导创业者走过企业发展的各个阶段,尤其是在创业过程中,还可以依据创业计划书来跟踪监督企业的业务流程、分析实际成果与预期目标的差距等,及时调整自己的策略与方法。

7.2.4 承诺功能

一方面,创业计划书通常会作为创业者与投资人所签署的合同附件,因此,从法律意义上讲,创业计划书将成为创业者对投资人的承诺书;另一方面,创业计划书也体现了核心领导对团队成员或者上级对下级的承诺,尤其是战略目标的定位、未来发展的规划、行动方案的提出都是一种书面的承诺,以避免出现朝令夕改的问题。

7.3 如何撰写创业计划书

创新思维馆 　　没想到代写创业计划书,也能成为一门生意

在"大众创业,万众创新"上升为国家战略的大环境中,"90后"崔大宝创造了一门极具时代感的生意——代写BP(Business Plan,创业计划书)。开张一年,崔大宝已完成了近200份BP制作。平均每2天,就从他手上流出1份创业计划书,放到各类投资机构面前。目前,崔大宝的BP+公司已帮助企业融资合计近2亿元。而不久前,BP+还获得了数百万元人民币的投资,其创始人崔大宝也因此被称为"中国BP第一人"。

"BP让投资人和创业者之间节省沟通时间","写BP就像写情书,要对路数,有门有眼"。市场出身的崔大宝,很善于用吸引眼球的话语,推广业务。创投服务商"微链"的投融资总监黄薇,很认可"BP节省沟通时间成本"的说法。她拿求职简历来类比BP,说投资人筛选BP就像公司招聘需要筛选简历一样。创业者提供BP是投资圈不成文的规则,BP是了解项目便捷而必要的载体。"而另一方面,有的人投项目并不看重BP。比如,嘉豪铭泰投资公司总经理徐驰。"有的早期项目创始人连BP都没有,我也投了。"徐驰说,大部分的BP,看时不会超过3分钟,甚至仅1分钟。徐驰更多地是通过与创始团队深度面聊来了解项目情况。

如今,崔大宝的BP+公司正在筹备上线标准化智能化BP生成平台,报价199元/次,创业者可根据上面的引导和参考思路,填写自己公司相关内容。BP+的定制化业务,目前价格是3万—8万元/次,服务对象是融资阶段在天使轮到B轮之间的公司。这些服务,崔大宝不保证融资成功率,只保证提高融资效率。

1. 你认为创业计划书BP是融资时的敲门砖吗?
2. 你是否看好"花钱找人代写"这一生意呢?

7.3.1 创业计划书大纲

尽管创业计划书的类型各异,但核心部分应该包括表7-1所列的大部分内容,而且格式也尽量保持一致。在这些看似千篇一律的格式中,还要突出有价值的信息,以便投资者等相

关利益人在速读中找到感兴趣的内容。当然，这一结构内容也可以根据目的及具体阅读对象不同而有所变动。

表 7 – 1　创业计划书大纲

封面
执行总结
目录
1. 公司概述
2. 创业团队
3. 产品或服务介绍
4. 市场需求分析
5. 行业竞争 + 自身竞争优势
6. 盈利模式
7. 市场营销计划
8. 生产运营计划
9. 盈亏分析
10. 公司管理
11. 风险预测及应对
12. 资本退出
附录

7.3.2　如何撰写创业计划书

执行总结

阅读创业计划书的人往往惜时如金，而执行总结作为一份最为精简的创业计划书，能够让投资者了解新创企业的吸引力所在，能够使投资者看到关于企业长期使命的明确论述，以及人员、技术和市场的总体情况，是吸引投资者进一步了解项目的唯一机会。执行总结需要注意以下三点：

1）合理控制执行总结的篇幅。执行总结最好不要超过 500 字。

2）内容简洁清晰、突出亮点。即用最简洁的语言表达最具价值的精华。内容应着重展现：产品或服务（特殊和独有的商业机会）、创造的客户价值、行业与市场分析（包括竞争者分析）、获得成功的关键战略、管理团队的出色技能、融资要求，以及投资回报前景。

3）执行总结是计划书中最主要的部分，放在计划书的最前面；但它却不是最先完成的，而是在先完成计划书的其他部分，对计划书的其他部分有深入了解之后，最后完成执行总结。

①公司概述

公司概述要让别人一句话明白你们公司是做什么行业,是否有吸引人的愿景。写作时常使用以下方法:

1)模板法

(公司名称)提供(产品或服务),利用(特色功能的突出),帮助(目标用户)解决(问题描述)。

2)框架法

使用简化版的2W1H框架写出公司介绍。

What(你有什么)——你能做什么,这正是客户想得到的。

Why(对于客户的价值是什么)——客户为什么需要你的产品或服务,你能够帮助客户解决什么问题。

How(如果客户选择你,你得怎么做)——你的具体服务内容、流程、周期的说明,让客户能够较为清晰地明白,选择你之后,他预期应该采取什么行动,以实现目标,能够得到自己的东西。

思考:

假设你是一家校园摄影团队,能否用2W1H的框架写一份公司介绍?

②创业团队

要让别人明白你们团队的资历和经历与所从事的行业匹配,价值观一致,内部协同高效。介绍创业团队不要学大公司把组织结构复杂化,董事长、总经理、营销总监、研发总监一个不缺。要注意避免把团队成员列出一大串虚无的人员职务,注意不要刻意拉人头充面子。比较好的团队描述是:

张××:董事长,占股51%,负责公司整体运营。

工作背景:清华大学 MBA,曾任××公司总经理5年,系统管理过2000人以上的团队,拥有丰富的企业管理经验,尤其对物流行业的理解很深。

李××:总经理,占股25%,负责系统和技术总策划。

工作背景:中国科技大学计算机系硕士,曾任×××公司总工程师8年,技术功底深厚,其主导研发的××产品现在的市场占有率居全国第一。

王××:武汉大学经济管理系硕士,副总经理,占股15%,负责市场推广。

工作背景:曾任×××公司市场总监,三年内将公司年销售额从200万元提升到5000万元,市场渠道建设经验丰富。

此外,如:总顾问、技术顾问、创始人、技术开发团队、市场销售团队等。

③**产品或服务介绍**

产品或服务的价值是一个企业生存的根本。投资人必然会关心你的企业是否具备很强的生命力,即你的产品或服务是否具有创新性,又是否能够为顾客带来独特的价值,或者可以解决市场上的什么问题。

撰写这一部分的关键是挖掘出产品或服务的独特卖点,并最好用一句话抓住别人的注意力。

Google:我们在建世界上第二十大的搜索引擎。现在大多数的搜索引擎都因为过分商业化而被弃用了,我们将去掉所有广告新闻和门户功能,这样在用这个免费搜索引擎的时候,你就不会被分散注意力了。

Firefox:我们要做一个更好用的网络浏览器,尽管世界上90%的计算机已经有了一个免费的浏览器了。

Craigslist:这可能很丑,但它是免费的。

Amazon:我们在网上卖书。即使现在大部分人还是不敢在网上用信用卡,但是实体店买书的成本会耗掉他们平常辛辛苦苦攒下来的钱。他们会选择在网上买书的,因为很方便,即使他们要等上一周才能拿到书。

找到产品或服务卖点后,还需要稍微改造一下,把抽象的产品或服务放到生活化的场景中去表述,就容易激发出用户对痛点的联想,进而创造出消费欲望。

普通描述:贝贝网提供的电子商务服务旨在帮助女性消费者更快地进行网上购物。

场景化描述:电子商务网站贝贝网帮助新手妈妈找到全网最低价抢购奶粉、尿不湿等婴儿用品。

创意训练营

> 下面哪些产品卖点语有场景感,哪些没有?
> 去哪儿旅行:总有你要的低价!
> 杭州帮:一人提问,全城帮忙。
> 爱吧:我的手机红娘。
> 携程旅行:携程在手,说走就走。
> 手工客:随时随地做手工。

④**市场需求分析**

投资人在这一部分会关心的问题是:你的顾客在哪里?有多大的量?你能否将产品或服务成功销售出去?你能否留住这些客户并不断扩大市场规模?你的市场占有率将会怎样?如何实现你的市场占有率目标?

在分析市场容量时,我们可以把创业要进入的市场分为三种:

零和市场。市场本来就存在,你是用更好的产品或服务来和对手竞争。已经存在的市场不需要过度论证市场容量,关键在于论证为什么你能击败对手赢得客户。

抑制市场。市场客观存在,但被某个因素抑制了,如有行业进入管制,你破解了这个抵制因素就打开了市场。在创业计划书里面重点是论证你如何合理合法破解抑制因素。

潜在市场。没有人意识到这个市场存在,你引导需求开创了新的市场。在这种市场上预测未来是最难的,因为历史数据样本并无足够说服力,说服投资人相信你的判断也最难。

大部分创业计划进入的是第一种市场,却总想论证自己是第三种市场,因为在第三种市场缺少竞争,一旦进入快速成长模式,很容易形成行业垄断,成为寡头企业。但实际上能寻找到第三种市场的企业是非常罕见的。

⑤行业竞争+自身竞争优势

在这一部分,首先应介绍行业竞争现状。你可以在简要介绍行业发展概况的基础上,选取本企业在目标市场上的3—5个主要竞争对手,分别描述各自的市场份额、竞争优势和劣势等,以帮助投资者了解竞争对手是否会给他的投资带来潜在的风险。

其次,是应该重点介绍自身的竞争优势,也就是你拥有什么样的核心竞争力,你的竞争优势在哪里,以及你将如何弥补自己的短板,如何突破行业壁垒。有的创业者在谈核心竞争力时,注意力会集中在产品性能和成本的对比上,比如我比同行的价格更低,性能更好,交付周期更短。这些当然是产品的竞争力,但是假如同行也降价,承诺提供类似功能,也努力加班缩短交付周期,那么你的产品竞争力就会被大大压缩。对于一个新进入市场的品牌,如果仅仅是靠单点技术或服务创新领先,其实是很危险的。

对手越不容易复制的项目,商业生命力越强,这种不能复制的能力才叫核心竞争力。这包括企业品牌、企业信用,也包括企业拥有的各类自主知识产权,还包括产品优势、产品链的优势、客户的美誉度等,不能自我设限为仅在产品和服务的优势上。

⑥盈利模式

盈利模式是创业计划书中一个十分重要的部分,也是投资者极为关注的部分。盈利模式就是要用简要的语言描述创业项目从开始到经营再到盈利的一个完整的商业逻辑。盈利模式是一个整体,各部分相互联系,形成一个良好的商业循环。创业者在设计创业项目的盈利模式时,是建立在对创业项目充分了解的基础之上的。如何设计盈利模式,可以参照本书第4章。

⑦市场营销计划

很多人容易把销售和营销混为一谈,实际上,销售只是营销的一部分,而营销是一个系统。营销计划主要包括以下几个部分:

产品构思及设想。主要描述产品或服务,确定市场需求,对产品或服务的整体市场进行简要说明。

市场调研。主要是对消费者、竞争对手和市场的基本情况进行调研和分析。这一部分可以放在营销计划中，也可以作为计划书的辅助材料单独进行。

市场定位和用户选择。市场调研后，可以根据市场情况对产品或服务的市场进行细分，确定目标用户，为营销策略的制定打下基础。

营销策略制定。常用的营销策略有4P营销组合，即产品、渠道、价格和促销。营销活动是否成功，产品或服务是核心，价格是工具，渠道是途径，促销是推进器。这一部分是市场营销计划描述的重点。

销售预测。通过市场分析所获取的销售预测可以促进风险投资者理解营销目标和财务报表。这些预测数据包括预期市场份额、销售额、市场增长率等。

⑧生产运营计划

生产运营是一个选择厂址、购买原材料、组织生产产品或服务的过程。在这一部分，创业者要回答的关键问题是：产品或服务的成本结构是怎么样的？如何保证产品或服务的质量？如何保证原材料或物料的供应？

⑨盈亏分析

能够获得较好的财务业绩，对于任何投资人来说都是一件值得鼓舞与高兴的事情——因此，投资人会关注盈亏平衡点大致出现在什么位置，什么时候开始有较好的回报，是否还有可持续的、更大回报的潜力。创业计划书的盈亏分析可以通过制订财务计划来反映，内容包括未来3—5年的项目盈亏平衡表、资产负债表、项目损益表、项目现金流量表等数据。

⑩公司管理

投资者在对创业计划书进行风险评估时，公司的性质、管理制度、组织结构、股权划分、薪酬体系都会影响其判断。同时，高素质的管理人员和良好的组织结构是公司管理的重要保障。创业者在这一部分应就以下几个问题进行思考：

初创企业适合什么样的公司性质和组织形式？企业内部的组织结构应该如何设计？各部门的负责人和雇员如何安排？采用何种薪酬体系能最大限度地调动员工的积极性？公司股票如何划分？

⑪风险预测及应对

回报与风险是相伴相随的。对于投资人来说，对项目投资收益与风险概率的分析，是一项重要的投资分析工作。因此，除了了解竞争者可能带来的投资风险，投资人还需要综合考虑资源风险、市场不确定性风险、研发风险、生产不确定性风险、成本控制风险、竞争风险、政策风险、财务风险、管理风险、破产风险等，从而明确整体项目投资的风险系数及风险概率，为投资决策提供重要依据。

风险应对,是创业者在风险评估的基础上,选择最佳的风险管理技术,采取及时有效的方法进行防范和控制,用最经济合理的方法来综合处理风险,以实现最大安全保障的一种科学管理方法。常用的风险应对方法有风险避免、风险自留、风险预防、风险抵制和风险转嫁等。

⑫资本退出

在撰写创业计划书的时候,创业者还应该提供资本退出的方案,也就是说,创业者需要呈现给投资者,在什么时候投资将退出,并且届时能够获得的回报。资本退出的形式有:首次公开上市(IPO)退出、并购退出、回购退出和清算退出。

⑬附录

撰写创业计划书的一个原则是言简意赅地传递企业的经营计划,因此,创业计划书必须和附录分开;附录是创业计划书提供必要的补充资料。在正文呈现出来的数据需要有文档的支撑,这时候就需要在附录中把各种有关文档列出来,给读者和投资者提供决策的依据。一般而言,创业计划书的附录包括但不局限于以下内容:

主要合同资料、信誉证明、分支机构列表、市场调查结果、主要创业者履历、技术信息、生产制造信息、宣传资料、授权书、获奖和专利、政策文件等。

创新思维馆

××××机器人有限责任公司创业计划书(节选)

(第六届"挑战杯"江西省大学生创业计划竞赛获奖作品)

执行总结

××××机器人有限责任公司(以下简称××××公司)作为致力于发展智能移动焊接机器人系统的高科技企业,将集中优势资源在技术研发、市场营销、生产管理等方面予以实施,逐步形成专业化、规模化的智能焊接设备制造强势企业。

进入新世纪以来,我国焊接结构制造业一个引人注目的动向是向多参数、高精度、重型化和大型化发展,且常为工地现场焊接。然而,我国焊接工业的现状却可以概括为劳动条件差、生产效率低、质量不易保证。因此,研发和推广高精度、智能化的焊接设备是实现大型结构件焊接作业的自动化,保障焊接作业的稳定性和一致性,提高焊接质量和效率,减轻工人劳动强度的根本途径。

南昌大学机电工程学院院长张华教授带领的科研团队在智能焊接机器人的研究方面取得了突破性的进展,先后研究出具有国际领先水平的无轨导全位置爬行式智能弧焊机器人系统和平面弯曲焊缝跟踪自主移动焊接机器人系统,成功地解决了大型工件的许多焊接难题,为实现焊接作业自动化提供了行之有效的解决方案。

上述系列产品对于提高企业焊接效率、降低生产成本、提高焊接过程的自动化程度及焊接设备的国产化率都有着积极的意义。我公司机器人若在造船工业中得到大量推广，将大大降低船舶建造成本，提高我国船舶的建造质量与水平。由此估计，公司产品在石化等其他行业亦有很广阔的市场前景。

一、公司概述

××××公司总部将设于南昌昌北经济技术开发区内，与南昌大学相互依存、互为条件、彼此支持、合作共赢，立志成为南昌大学在智能焊接领域的产业化基地。××××公司凭借江西的政策优势、区位优势、资源优势和南昌大学的科技优势、信息优势、人才优势，将形成以环渤海地区、长三角和珠三角为基点的产业布局，着力打造高科技企业形象。

1. 公司使命

服务世界焊接市场，铸造民族科技雄风。

2. 核心战略构思【科研、产品、市场、销售一体化】

以合作、入股、赞助及购买等方式与国内相关焊接科研机构建立研发同盟，以智能焊接机器人替代传统的焊接设备研发方向，提供强大的技术保障。选择最优秀的焊接器材外协厂商实行OEM生产。以直销、分销最佳组合的方式为客户提供最有效的产品和服务，并与客户建立良好的供求关系，建立完善的信息化管理。以焊接设备市场需求信息为导向，决策科研、生产项目，最终达到纵向一体化，实现技术、产品、市场、销售的内部良性循环。

二、创业团队

TEAM创业团队是以技术人员为核心，吸纳了多方面的优秀人才，形成研究生与本科生协作建设的团队结构。将本科生的创新能力与研究生扎实的理论基础完美融合，形成TEAM团队的整体。

队名由中英文的"TEAM·队"字组成，从优秀的个人到卓越的团队，充分强调了我们"以队建队"的思想，将特色个体元素加以融合，建设特有的团队文化。同时，正如承载丰厚意义的单词所代表的那样，团队以"科技·Technology、能量·Energy、活力·Alive、现代·Modern"作为队伍特色以及努力方向。

三、产品或服务介绍

1. 产品

××××公司将主营智能移动焊接机器人及其系列化、多元化产品。

公司成立初期的主打产品为平面弯曲焊缝跟踪自主移动焊接机器人系统（HC-WMR）和无轨导全位置爬行式智能弧焊机器人系统（WT-WCR）两款产品，兼营二维运动平台、旋转电弧传感器、机器人本体等部件。

（1）主打产品一

平面弯曲焊缝跟踪自主移动焊接机器人系统(HC – WMR)

【构成】略

【功能】略

【实物图】略

【性能参数】见附录四

【应用领域】略

【优势】略

【应用情况】略

客户反馈文件(试用报告)见附录五

(2)主打产品二:略

2. 后续产品

由于我公司的产品设计之初就引入了模块化设计思想,因此可以很方便地进行二次开发,发展多样的系列化、多元化产品。一是发展基于不同传感器的自动跟踪机器人;二是发展其他焊接机器人及用于其他领域的机器人。

3. 技术

(1)技术一

【技术描述】略

【技术的创新点】略

【技术保密要点】略

(2)技术二:略

(3)技术三:略

四、市场需求分析

1. 目标市场定位

公司将目标市场定位于适合野外、中大型构件平面及全位置焊缝焊接的自主移动焊接机器人市场。具体来说,主要目标客户有船舶制造企业、石化设备制造企业、发电设备制造企业等。

2. 市场细分

根据我公司产品的特性及市场需求状况分析,产品目标市场细分如表7-2所示。

表7-2 公司产品目标市场细分

主打产品	第一期目标市场	第二期目标市场
平面弯曲焊缝跟踪自主移动焊接机器人系统（HC-WMR）	（1）船舶制造业 （2）大型储罐制造业 （3）集装箱制造业	（1）船舶制造 （2）大型厂房场馆建造 （3）大型储罐制造业 （4）集装箱制造业
无轨导全位置爬行式智能弧焊机器人系统（WT-WCR）	（1）大型储罐、球罐制造业 （2）船舶制造业 （3）电站设备制造业	（1）大型储罐、球罐制造业 （2）船舶制造业 （3）化工设备 （4）电站设备制造业 （5）大型管道 （6）高层建筑 （7）大型厂房 （8）锅炉等现场焊接场合

3. 市场需求及发展预测

（1）船舶制造业

从国内外造船焊接应用对比来看，我国的焊接机械化、自动化程度还比较低，国外半自动焊为23%，自动焊为68.3%，机械化率为91.3%；国内半自动焊为22%，自动焊为22.6%，机械化率仅为44.6%，自动焊和机械化率相差1倍以上。

总体来说，当前国内船舶焊接机械化、自动化的发展处于推广半自动焊为主体并向专用机械化焊接过渡的阶段，而国外，如韩国、日本等造船大国都在积极地研制高水平的焊接机器人。我公司机器人在焊接生产的应用中，质量稳定、效率高且成本低，满足了企业的要求。因此，××××机器人的推广，将大大降低船舶建造成本，并有利于提高我国船舶的建造质量与水平，市场前景广阔。

（2）石化设备制造业：略

（3）发电设备制造业：略

根据以上分析，××××相信，在无限需求中，必然有挑战，更有无限的商机。

4. 现有市场容量

通过市场调研及文献数据分析，我们预测造船业将占公司目标市场容量的36.6%左右，为我公司产品的最大目标市场，所以我们以造船业为基础进行研究，运用潜在购买者推算法进行初步估算如下所述：

我国现具规模的船厂有1059家，保守分析有意向并有能力购买自主焊接机器人的有80家，占总数的7.6%，在调研中了解到××造船有限责任公司大概有20台机器人，而该船厂为中等船厂,所以我们把它看成平均购买量,目前市场上运用在造船业的焊接机器人的平均单价为35万元左右。通过计算分析可以得到焊接机器人在国内造船市场最低的总潜量。

造船业市场最低总潜量为 $1059 \times 7.6\% \times 20 \times 35 = 5.6$(亿元)。

通过计算分析我们可以看出焊接机器人在造船业的市场潜力相当大,而这仅仅是造船业,还有石油化工设备制造业、发电设备制造业等,我公司产品在这些行业领域都能够发挥其价值,解决焊接中的难题。因此在上式的基础上继续分析:

造船业市场最低总潜量/造船业所占目标市场容量比 = 我公司最低市场容量,即 $5.6 \div 36.6\% = 15.3$(亿元)

可见巨大的市场潜量为×××提供了广阔的市场机遇。

5. 市场特征:略

6. 市场形成的背景、过程及发展速度:略

7. 发展动力与前景:略

五、行业竞争 + 自身竞争优势

1. 行业分析

(1) 行业概况

据不完全统计,最近几年我国工业机器人呈现出快速增长势头,平均每年的增长率都超过40%,焊接机器人的增长率超过了60%;2004年国产工业机器人数量突破1400台,进口机器人数量超过9000台,这其中的绝大多数都应用于焊接领域;2005年我国新增机器人数量超过了5000台,但仅占亚洲新增数量的6%,远小于日本所占的69%。这样的增长速度相对于我国的经济发展速度以及经济总量来说显然是不匹配的,这说明我国制造业的自动化程度有待进一步提高,同时也反映了我国劳动力成本的低廉,制造业自动化水平以及工业机器人应用程度的提高受到限制。

(2) 市场分布与结构:略

(3) 国家政策及行业规定

当前我国政治环境良好,政府政策稳定、连贯,企业投资有良好的外部环境。

【焊接行业发展迅速】略

【国家焊接标准越来越严格】略

2. 竞争分析

(1) 产品竞争优势

根据调查,我公司产品与市场上现有的焊接设备对比如表7-3所示。

表7-3 公司产品与现有产品对比

应用范围	手工电弧焊	半自动焊	轨道式	HC-WMR	WT-WCR
应用范围	普遍	普遍	尺寸不限但需铺轨道	平面弯曲角焊缝、V型焊缝，狭窄空间、折角变化频繁焊缝	大型工件现场全位置焊接
设备价格	0.4(4)	3(7)	8—10（万美元）	22	48
效率	1	2	4	8	10
焊接成本	1	0.8	0.6	0.5	0.5
精度	最低	低	中	高(±0.5mm)	高(±0.5mm)
对工人要求	高	高	中	低	低
劳动强度	最高	较高	中	低	低
可靠性	取决于情绪身体状况等诸多因素		各公司产品情况各异	高	高

(2)行业五力分析

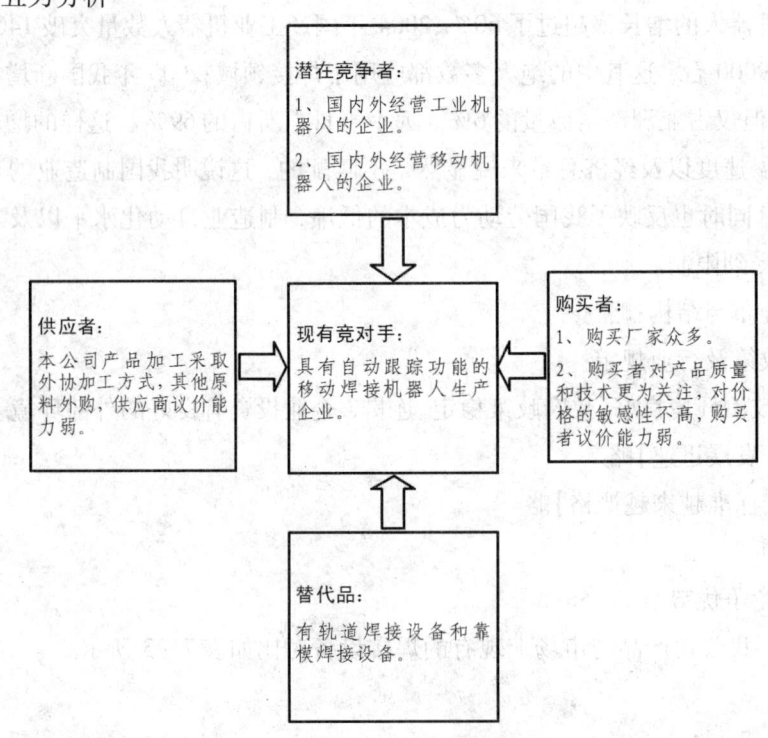

图7-4 波特竞争五力分析

3. 自身竞争优势

所谓"知己知彼，百战不殆"，通过对竞争对手和我们自己的优势及劣势分析，本着"扬长避短"的原则，针对竞争者可能在价格战略、隐性降价、产品服务升级、技术革新、加强渠道网络方面进行竞争争夺市场，我们将采取以下竞争策略：

【"互惠共赢"战略联盟】采用虚拟合作联盟，发挥各自所长，有效地分工，互惠共赢，共同发展，提高我公司总体竞争力和影响力。为公司良性发展、快速稳定发展提供保障。

【信息化管理战略】收集整理客户需求等有价值的信息，进行科学的分析与总结，为公司快速有效地做出经营发展决策提供依据。

【快速反应战略】以信息化为依托，根据市场的需求迅速研发和提供最有效的产品和服务；根据形势发展变化及时地做出科学的判断，适时地调整发展经营战略。

【科技制胜战略】通过科研合作同盟，把握科研走势，致力于对智能自动焊接设备的研发，成为这一领域的先锋，保持科技领先这一大核心竞争优势。

【品牌制胜战略】以高质量产品、高科技含量、最优质人性化的服务打造行业内最权威最有影响力的大品牌，同时，以大品牌为信誉，迅速地实现我们新产品的开拓市场目标。

【OEM生产外包】与最优秀的OEM外协厂商合作，互惠共赢，保证我公司产品的品质，提高我公司产品的竞争力。

【服务制胜战略】提高服务人员的业务素质，进行"真诚·高效"服务；以培训、定期免费上门维修检查、快速地解决客户的问题等方式为客户提供完善优质的服务，为公司树立良好的形象和提供强有力的后盾。

六、盈利模式

1. 公司初创的前两年，以直销分销最佳组合渠道，先后在大连、天津、南通、上海、武汉、深圳、广州、杭州、威海等10个城市区域开拓市场，以造船业、石化行业、电站设备制造业作为主要的目标市场。其中，造船业将作为我们的市场突破口。

2. 自第三年开始推出基于旋转电弧传感的无轨导全位置弧焊机器人系统和基于激光CCD传感器的轮式移动焊接机器人系统，并为现有系统增加初始焊缝识别功能，预计年销售额约达到1632万元。

3. 第五年力争确保推出断续焊缝自主跟踪机器人系统、基于激光焊接系统的移动焊接机器人、基于复合热源的移动焊接机器人。还将在现有机器人系统基础上，研发用于除锈、喷涂、切割的机器人系统，提高这几个行业的自动化程度。净利润约达1777.51万元，实现公司效益持续快速增长。

七、市场营销计划

为实现既定销售目标，公司必须依靠最新的科研技术成果、不可替代的产品优势及其价格优势，制定指标明确、切实可行的营销策略。

1. 产品策略

扩大产品组合，用不同模块重新组合出不同的机器人，以适应多种焊接场合需要，出售拥有专利技术的机器人中间部件，拓展市场。

加强与南大机器人与焊机自动化实验室等科研机构的合作，对产品不断进行扩展、组合、扩大产品范围。

2. 定价策略

公司采用成本定价与心理定价相结合的策略。对于WT-WCR机器人系统，目前市场同类产品售价为50万元/套，我公司产品较之功能更强，以48万元的价格出售。同时，公司还将推出一款全新物美价廉的HC-WMR机器人系统，拟定销售价为22万元/套。

3. 渠道策略

公司拟采用零阶渠道与一阶渠道相结合的渠道策略实施销售。将主要选择零阶渠道的销售模式，直接面向最终的客户，包括人员推销、电子商务营销等。同时辅之以一阶渠道的销售模式，即选择或增设当地代理商扩大市场份额。

4. 促销策略

依据公司的财务销售费用预算，安排多项促销活动，支持产品推广、促进产品销售。一是通过产品试用、示范焊接、现款优惠、贸易展销等措施，实现销售促进；二是利用大众传媒、专业杂志、目标区域户外媒介等手段，进行广告宣传；三是以完善的售前、售中、售后服务，确保产品质量，满足客户需求。

八、生产运营计划

1. 生产技术方案：略

2. 建厂筹划：略

3. 环境保护：略

4. 研究与开发：略

九、盈亏分析

×××机器人有限责任公司需要约为800万元注册资本，投资回收期为2.66年，内含报酬率高达41.8%。

本公司经过与××集团友好协商，达成了现有的战略投资意向。

风险投资方面，本公司已与××高新技术产业投资股份有限公司取得联系，吸引现有风险投资200万元。详见表7-4、表7-5。

表 7-4　××××机器人有限责任公司的股本结构　　单位：万元

股本来源＼股本规模	风险投资	技术入股	战略投资	团队出资
金额	400	140	300	160
比例	25%	17.5%	37.5%	22.86%

表 7-5　五年利润　　单位：万元

	第一年	第二年	第三年	第四年	第五年
净利润	163.98	248.19	422.52	994.62	1777.51

对公司的盈亏平衡点进行分析，详见表 7-6。

表 7-6　盈亏平衡点敏感性分析　　单位：万元

年份	2009 年	2010 年	2011 年	2012 年	2013 年
预测销售额	862	1072	1632	2914	4686
总成本	698.02	823.8	1162.53	1808.86	2710.99
不变情况下					
盈亏临界点销售额	698.02	823.8	1162.53	1808.86	2710.99
可变成本上升 20%					
盈亏临界点销售额	779.752	925.748	1318.63	2084.922	3151.89
固定成本上升 20%					
盈亏临界点销售额	755.892	886.612	1238.936	1894.57	2812.288

说明：

把盈亏平衡点与本公司预计销售量相比，本公司每年销量大大超过盈亏平衡点。

从敏感性分析，即使可变成本、固定成本都向不利方向发生 20% 的变化，预测销售量都远远大于保本点。

十、公司管理

1. 组织结构：略

2. 员工招聘：略

3. 员工培训：略

4. 薪酬福利：略

十一、风险预测及应对

本节根据公司在生产运营过程中可能产生的多方面的风险因素和一些突发事件产生的风险等，进行分析并做出相应的对策。我们将从技术、市场、资源、财务和信息化实施几个方面进行对应的风险分析与说明。

1. 技术风险

我公司所掌握的机器人机构设计技术、焊缝识别技术、焊缝跟踪控制技术，当前处于国内外行业领先地位，保持技术优势，是关系我公司长期发展的重要因素。

现代知识更新的加速和科技发展的日新月异，技术生命周期缩短，我们的技术被另一项更新的技术所替代的时间难以确定，当更新的技术比预计提前出现时，现有技术将蒙受提前被淘汰的风险。

技术被模仿，技术管理失控和人员流失。

【应对策略】

核心技术进一步地加强和完善，对其进行横向、纵向的扩展和延伸，开发系列化、多元化产品。

逐年加大对新技术的开发和引进吸收，依托南昌大学江西省机器人与焊接自动化重点实验室进行新技术的扩展创新，同时和国内其他科研院所积极合作，保持技术上的优势。

在生产过程中，加强技术的保密工作，与核心技术人员签订保密协议，进行技术积累储备，形成有自主权的技术系统体系，减轻对单一技术、单一技术人员的依赖性。

2. 市场风险：略

【应对策略】：略

3. 资源风险：略

【应对策略】：略

4. 财务风险：略

【应对策略】：略

十二、资本退出

风险资金退出的成功与否关键取决于公司的业绩和发展前景。

1. 退出方式

风险投资从风险企业退出有多种方式，但从公司五年内的财务报告分析上看，公司的各种条件还不够成熟，公开上市还不现实。因此，公司回购最为理想。从公司的现金流量预测来看，公司完全有充足的实力在第 4 年或第 5 年回购风险投资商的股份。由于本公司技术在国内外有较强的竞争力，近期内的不可替代性，另外，本公司通过 5 年的努力，完善产品的系列化并积极研发新产品，不断开拓市场，形成庞大的销售网络，这一切都会使风险投资的退出风险降到最低。

2. 撤出时间

一般来说,公司未来投资的收益现值高于公司的市场价值时,是风险投资撤出的最佳时机。因此,从撤资的时间和公司发展的角度考虑,第 4—5 年时,公司经过了导入期和成长期,已完成本系列产品系列化,发展趋势很好;同时,也开始了对新产品的开发,公司已在国内的焊接业树立了良好的形象,产品已具有一定的知名度,此时考虑退出可获得丰厚的回报。因此,第 4 年或第 5 年是撤出风险投资的最佳时期。

附 录

附录一　专利

附录二　鉴定证书

附录三　检验报告

附录四　HC – WMR 性能指标

附录五　试用报告

附录六　产品成本

附录七　财务报表

附录八　授权协议书

附录九　采购意向书

附录十　外协生产合同书

附录十一　外协生产商名单

附录十二　市场调查问卷

附录十三　专业术语

附录十四　市场调研

附录十五　调研纪要

附录十六　调研掠影

附录十七　产品参展照片

文献来源:百度文库《挑战杯获奖创业计划书》,笔者适当加以改编

1. 上文的《创业计划书》给你哪些启发?

2. 请你查阅相关资料,看看《创业计划书》还可以加入哪些内容。

7.4　如何做好创业路演

把每次 party 都当作路演聚会

在一次离职聚会上,Alex Rappaport 滔滔不绝地向陌生人描述自己编写教育 Hip – Hop 歌曲的想法,绝大多数人只是礼貌地笑着聆听,然后便走开了。

但是哥伦比亚大学商学院 MBA 学生却对这个创意很感兴趣,并且帮助 Rappaport 在该校的 Outrageous Business Plan 大赛中安排了一次路演。幸运的是,这个商业模式赢得了大赛社交价值类第一名,不仅引起了众多投资人的关注,还获得了 5000 美元奖金。

Rappaport 和 Blake Harrison 于是联合创建了 Flocabulary 公司,并把这家教育初创公司设立在了纽约布鲁克林区。如今,他们的线上教育项目在全球有超过 2 万所学校使用。

文献来源:微信公众号"猎云网"

7.4.1 创业路演策略

创业路演,就是企业或创业代表在讲台上向台下众多投资方讲解自己创业项目的属性、发展规划和融资计划,以期赢得风险投资而进行的创业项目展示。

创业路演一般只有短短几分钟,而创业者的项目往往包含大量的信息,所以必须有一些针对演讲的战术策略,从而使得项目得到最大程度展示。

策略一:不要什么卖点都讲。

在路演之前,有的创业者将自己的产品或项目总结出"十大卖点",然后训练自己在 5 分钟之内将这十大卖点讲完。这样做的结果就是,投资人一个卖点都记不住。按照人的思维模式和记忆方式,如果只讲 1—3 个卖点,他基本上都能记住。因此,路演时一定要有所选择。根据参加路演投资人的情况,讲清楚 3—5 个的卖点就可以了。

策略二:有的卖点可以留一手。

事实上,在 5 分钟的时间里面讲清楚 5 个卖点也不容易,因此还需要再做"减法"。对于那 5 个很重要的卖点,可以做如下分类:

你不说投资人也知道的卖点和常识,那就尽量少讲,节省时间。

你不说投资人就不知道,但是却很重要的卖点,那就主要讲。

不是两句话能讲清楚的卖点,那就先只讲结论,等他提问时再细说。

有些涉及敏感信息、台上不方便说的卖点,有兴趣台下交流。

经过上述分类之后,5 个"很重要"的卖点只剩下 2—3 个必须在前 5 分钟讲清楚,剩下的等待投资人提问时再从容应对。这样一来,整个路演的时间就完全把控住了。

策略三:引导投资人提问的方向。

我们选择不讲某些卖点的时候,可以分析这些卖点是不是投资人会感兴趣提问的,如果是,可以在展示时少讲,在问答时再从容展示。

比如,在前 5 分钟讲"我们项目的全国市场容量每年有 1 万亿",投资人多半会问"这 1 万亿的数据从何而来",你可以在答辩的 5 分钟时间把这 1 万亿的计算方法展示出来。

再比如,在前 5 分钟讲"我们的产品短期内无法仿制",投资人很可能会问"凭什么说无法仿制",你在后 5 分钟再把无法仿制的"核心竞争力"展示出来就行。

7.4.2 投资人常问的问题

你们公司为什么叫这个名字？

你们公司为什么选择在×××注册，而不是选择×××？

你们注册资本是真实的吗？你们公司的股权结构是？

你们股东参与公司运营吗？你在项目中投入了多少？

你们团队构成结构是怎样的？

作为大学生，你们有时间和精力兼顾这个公司运营吗？

你们如何保证创业团队的稳定性？

如果学校不提供场地优惠或取得融资，你们还能生存吗？

你们目前的真实业绩如何？

你们提出××目标如果不能达到会怎样？

你们公司发展过程最大的风险是什么？你们有什么准备？

你们公司的发展战略是？

创新思维馆　**三分钟的路演怎么过？给你看创业明星的路演原稿**

你的项目非常好，但只给你三分钟，你怎么把它的商业模式、盈利点、团队分工讲清楚？下面是参加《一马当先》电视节目比赛的创业明星高臻用三分钟时间进行的路演演讲：

不好意思，各位评委，今天我没有 PPT 可以讲，因为我相信连 PPT 都没有就可以讲清楚的项目才是好项目！

我今天带来的项目是老枝花卤，一句话说来就是卖四川卤肉的，通过卤味这个载体将真正的四川美食、四川文化推荐到全国，甚至全世界。

我是老枝花卤的高臻，奔四的年龄挂了一张奔二的脸，却已创业 14 年，最早是因为当黑客上了报纸头条开始从事互联网行业。我是一个纯种的互联网人，现在卖卤味也是通过互联网基因来操作。

通过 1 年半的努力，老枝花卤现在已经在国内小有名气，获得了 CCTV 在内的数百家媒体的报道，得到了刘永好、俞敏洪、夏华等老师的认可，并且获得了华谊兄弟王中磊、阿里前高层、朱拥华等大咖的天使投资。

四川从来不缺乏造美食的能力，缺少的只是吆喝，我们感谢我们遇到了一个好的互联网时代。我们的模式很简单，先通过电商进行空袭，然后实体店地面部队跟进，通过先空袭，我们不仅先低成本地获取了大量的粉丝，还通过快递大数据将获得哪个城市、哪条街道的销量最好，OK，我们就再开实体店，再反过来通过半空袭外送的方式覆盖到周围两公里。这样立体式的打法恰好就运用了互联网大数据、试错成本低、粉丝经营等互联网优势。

希望各位评委老师能投我一票，因为只有把最土的传统卤味和最洋的互联网结合起来才是真正的O2O!

文献来源:360个人图书馆《三分钟的路演怎么过？给你看创业明星的演讲原稿》

1.你认为上文的创业路演有何优点和不足？
2.你最短能用几分钟介绍完自己的创业项目？试试看。

本章小结

①创业计划书(Business Plan，BP)，是全面介绍公司或项目发展前景并阐述产品、市场、竞争、风险及投资收益和融资要求的书面材料。

②无论创业者有没有在纸上写出创业计划书，但在每一个创业者的心里，都有一份创业计划存在。创业计划书具有沟通功能、管理功能和承诺功能。

③执行总结，作为一份最为精简的创业计划书，能够让投资者了解新创企业的吸引力所在，能够使投资者看到关于企业长期使命的明确论述，以及人员、技术和市场的总体情况，是吸引者进一步了解项目的唯一机会。

公司概述，要让别人一句话明白你们公司是做什么行业，是否有吸引人的愿景。

创业团队，要让别人明白你们团队的资历和经历与所从事的行业匹配，价值观一致，内部协同高效。

产品或服务介绍，撰写这一部分的关键是挖掘出产品或服务的独特卖点，并最好用一句话抓住别人的注意力。

市场概况，投资人在这一部分会关心的问题是:你的顾客在哪里？有多大的量？你能否将产品或服务成功销售出去？你能否留住这些客户并不断扩大市场规模？你的市场占有率将会怎样？如何实现你的市场占有率目标？

竞争分析，投资人关注目的有两个:一是期望了解你拥有什么样的核心竞争力，你的竞争优势在哪里，以及你将如何弥补自己的短板，如何突破行业壁垒;二是预测目前的竞争对手，以及潜在的竞争对手是否会给他的投资带来一些潜在的风险。

④创业路演一般只有短短几分钟，而创业者的项目往往包含大量的信息，所以必须有一些针对演讲的战术策略:不要什么卖点都讲，有的卖点可以留一手，引导投资人提问的方向。此外，还需提前准备一些投资人常问的问题。

课后阅读

这样写创业计划书才可能让你融到巨资!

2015年下半年以来。创业遭遇资本寒冬。以前创业者凭借几页PPT和巧舌如簧轻易就能融到几百上千万元的巨资。可是随着创业神话的不断破产，以及全国经济形势的下行，投资人越来越谨慎起来，毕竟投资人白花花的银子也不是大风刮来的。因此，如果你想在未来拿到巨额的创业投资，你必须一板一眼，老老实实地花时间写一份好的创业计划书。据数据统计，投资人每天都要接触几十上百份的创业计划书，他们对每份创业计划书只有5分钟的时间，如果在这么短的时间内不能打动到他们，那你的创业计划书就会到他们的废纸篓中。

那创业计划书究竟该如何写呢？首先你要明白创业计划书的本质，创业过程是由商机驱动的，商机的本质是能产生利润，并为创业团队和投资商带来可观回报的生意，因此，创业计划书是商业的包装与商机的挖掘计划。一般来说，创业计划书分为三种。

一种是最常见的股权投资创业计划书，写的目标对象是股权投资者或者贷款人，写的目的是引入外部资金，或者是对重要员工的争取和向相关利益方宣传企业价值，这样的创业计划书长度一般在25—40页为宜，总体原则是简约为美。

一种是操作计划书，写的目标对象是创业者和整个团队，目的是引导项目的筹备、启动和初期增长，这个操作计划书就要详细为好，一般来说都会超过80页。

还有一种就是脱水型的创业计划书，目标对象就是外部宣讲，提供企业初步的概念，对人员、机会及财务要求方面的阐述，这种一般不超过10页，以简明扼要为宜。

正常如果需求投资的话，都是写第一种。但是一旦投资人对你产生了兴趣，需要进一步了解你的思路和操作方式的话，可能就会要求看你的第二种操作计划书，所以第二种的操作计划书不能被忽略，要随时准备拿出来宣讲。

创业计划书其实就是在讲一个故事，所以在写之前，你要明确你要讲什么样的故事，讲给谁听，用什么方式来讲，故事能否讲清楚，能否吸引别人来认真听。想明白这些才好往下真正进入写作阶段。完备的创业计划书一般分为以下十大部分。

①摘要：简明扼要阐述本次商机的内容，描述一个诱人的商业机会，并且说明有机会在其中攫取巨额的回报。摘要部分可能在投资人心中占据50%的权重，会影响到投资人是否拥有继续往下阅读的兴趣，因此，在描述一个大商机的同时要写得条理清晰，逻辑通顺。

②行业分析：说明"商业机会"究竟是否构成机会，市场有多大，为什么这是一个必须要抓住的重要市场。你可能要涉及一些客观的数据，因为客观数据让"故事"更有说服力。例如市场规模、增长速度、主要企业、市场趋势等，数据越翔实越好。

③客户与竞争：通过人口统计、心理统计、行为特征来明确哪些人是客户。了解客户的消费动机，设计出适合他们的产品和服务。这点也是比较重要的，很多时候创业者往往会陷入到自我设定的场景中，认为我这个产品一定是广受欢迎的，其实未必，也有可能是自己的一厢情愿，一定要从消费者的角度去思考，最好能做一些初步的市场调研，看看别人是怎么做的，以及自己的产品做出原型之后，消费者是否有埋单的意向。

④公司与产品：推销我们的意愿。强调产品如何能够符合客户价值主张，产品内含什么价值，能给客户带来什么附加值，产品为什么比客户目前使用的服务更好、价格更低。

⑤营销计划：主要包含目标市场战略、产品和服务战略、价格战略、加盟战略、广告和推广、销售战略、市场预测等环节。

⑥运营发展：阐述公司在运营过程中存在的竞争优势，以及公司运营如何给客户带来更

多的价值,详述产品的生命周期,估算生产周期对运营资本的影响。公司什么时候为投入支付资金,产品的生产期有多长,客户何时会购买商品,更重要的是客户何时会付款。

⑦团队:尽可能有效展示团队的力量,介绍团队是如何集结到一起的。最好一开始就明确创始团队成员和他们的头衔。最好包含团队成员的关键职责、工作成绩、成功案例。

⑧重大风险提示:承认潜在风险的存在,鉴定这些风险,然后陈述自己针对这些风险准备的应急预案。

⑨投资邀约:明白项目需要多少资金,知道自己如何使用这些资金才能让公司实现各阶段发展目标。一般而言,项目寻求的资金数量应足够支撑公司12—18个月的运营。

⑩财务计划:用数据来讲故事,推测商机的成立,并论证商机具有远大的前景和丰厚的回报。

思考与测试

1. 创业计划书是什么?
2. 创业计划书有何功能?
3. 创业计划书大纲包括哪些内容?
4. 什么时候写执行总结?如何写好执行总结?
5. 写好公司概述有哪些方法?
6. 如何用一句话介绍自己的产品或服务?
7. 什么是核心竞争力?
8. 创业路演的策略有哪些?

推荐书目

陈晓暾,陈李彬,田敏.创新创业教育入门与实战[M].北京:清华大学出版社,2017.

参考文献

[1] 孙洪义.创新创业基础[M].北京:机械工业出版社,2016.
[2] 张志,乔辉.创新创业入门教程[M].北京:人民邮电出版社,2016.

◆——第8章 新企业的开办及生存管理

第8章 新企业的开办及生存管理

名人名言

今天很残酷,明天更残酷,后天很美好,但绝对大多数人都死在明天晚上。

初创公司最重要的是做简单的事情,就一件事情,围绕一个主题,做最简单和最快乐的事情,不做大战略一类的事情。

——马云

对于民企而言,生存是第一要务,其次才是谋发展。

——柳传志

经济繁荣时,企业只是一味地成长,没有"节",成了单调脆弱的竹子。但是由于克服了各种各样的萧条,就形成了许多的"节",这种"节"才是使企业再次成长的支撑,并使企业的结构变得强固而坚韧。

——稻盛和夫

学习目标

1. 了解企业名称、名牌设计的原则和方法;
2. 学会选址分析;
3. 了解企业注册流程;
4. 了解新企业的优惠政策;
5. 掌握企业初创期的生存管理。

腾讯

名称的由来

1998年11月11日,马化腾和张志东、曾李青、许晨晔、陈一丹四位合伙人共同创立了腾讯(Tencent),注册为深圳腾讯计算机系统有限公司。之所以取名腾讯,是与公司的经营业务及一家公司有关。首先,将"讯"作为尾缀,意思是跟公司业务和通信有关联;其次,美国朗讯（Lucent）科技公司是一家在当时相当有名气的通信公司，腾讯的中文和英文名称都受其影响，另外，Tencent 的由来，也和粤语中"腾"的发音有关。

初创经营危机

创业之初，马化腾率领自己的团队做网页、做系统集成、做程序设计。但由于不懂市场和市场运作，腾讯的产品拿出去向运营商推销，却经常被拒之门外。跟其他刚开始创业的互联网公司一样，资金和技术是腾讯最大的问题。

1999 年 2 月，腾讯开发出第一个"中国风味"的 ICQ，即 OICQ 后，受到用户欢迎，注册人数疯长，在很短时间内就增加到了几万人。人数增加就要不断扩充服务器，而那时一两千元的服务器托管费对公司来说已不堪重负。

2000 年，第一次网络泡沫席卷了整个中国互联网，腾讯进入了最为困难的时期，在面临资金困难时，曾险些把开发出的 ICQ 软件以 60 万元的价格卖给深圳电信数据局，但终因价格原因告吹。最后碰到了 IDG 和盈科数码，获得了第一笔投资。之后，腾讯的发展才逐渐步入了正轨。

资源来源：http://www.sohu.com/a/23163633_189130

8.1 企业名称与品牌设计

从法律的角度来说，初创企业要注册，必须有企业名称；从营销的角度来说，在法律框架范围内，为企业设计一个合适的名字，有利于营销推广和企业形象塑造，在一定程度上有利于企业的发展。

商品品牌不是一个法律名词，并不是强制性的。品牌的外在形式是品牌名称和品牌标志，品牌最基本的功能是识别某个销售者或某群销售者的产品或劳务，并使之同竞争对手的产品和劳务区别开来(菲利普·科特勒)。品牌的内在含义是"口碑"，是企业的一种无形资产，是一种"象征"，是产品定位和企业价值追求的外在体现。因为品牌的存在，消费者在购买和消费产品的时候，不仅可以体验到产品的实用价值，还可以享受心理价值。

品牌比商标的内容范围更广，品牌是树立在公众心目中的形象，商标是一个法律概念。商标是品牌的重要组成部分，企业产品标志经注册后，成为注册商标，具有排他性，受法律保护。商标名称必须符合有关法律法规的规定。

创新思维馆　　　　　　　　企业名称与产品品牌

企业名称可以与产品品牌或商标名称一致，如：洽洽食品股份有限公司生产"洽洽"系列休闲食品，青岛海尔股份有限公司生产"海尔"品牌家电产品，农夫山泉股份有限公司生产"农夫山泉"系列饮用水，重庆谭木匠工艺品有限公司生产"谭木匠"品牌工艺品，小米、华为、联想、格力生产"小米""华为""联想""格力"品牌的电子产品，等等；当然，企业名称也可以与产品品牌或商标不一致。

8.1.1 企业名称设计的基本原则

①符合法律规定

我国对企业命名有相关的法律规定(《企业名称登记管理实施办法》),企业在工商注册前必须进行核名,以评判是否存在重名或不符合名称登记管理相关规定的情况,因此,企业名称设计必须符合法律法规的要求。

②与企业经营产品相关

企业名称体现企业经营内容或企业产品的特点是比较普遍的做法。企业名称、产品品牌和经营内容相一致,不容易造成顾客错觉,有利于树立统一的形象,产生符号联想,进行营销传播。当然,这也不是绝对的,下面我们来看一些有趣的名字。

阿里巴巴

马云曾讲述他之所以把公司命名为阿里巴巴,一是他认为互联网是全球性的,应该有一个国际化的名字;二是名称应该是大家熟悉的,这样公司容易吸引消费者,被消费者认知。有一天,他在旧金山吃午饭,问服务员和路上的行人知不知道阿里巴巴,因为阿里巴巴、四十大盗和芝麻开门的故事家喻户晓,所以大家都听说过阿里巴巴。他想了很久,觉得阿里巴巴是一个好名字,首先,知名度很高,特别是在世界范围内;其次,以"A"开头,预示着阿里巴巴永远是最好的。

苹果

关于乔布斯为什么起名"苹果"公司的说法,至今仍有不同的说法,一种说法是在谈到苹果公司的命名时,乔布斯告诉艾萨克森,苹果是其吃水果减肥时常吃的水果之一。给公司起名字时他刚从一个苹果园回来,他认为苹果这个名字听起来"有趣,生机勃勃,不会让人害怕"。另一种说法是为了纪念伟大的人工智能领域的先驱者、计算机科学之父——艾兰·图灵,因为1954年6月7日,图灵被发现死于家中的床上,床头还放着一个被咬了一口的苹果,警方调查后认为是剧毒的氰化物中毒,调查结论为自杀。但不管是出于什么原因,给一个电子产品公司起名"苹果",还是非常有趣的事。

星巴克

在接受《西雅图时报》采访时,星巴克联合创始人戈登·鲍克讲述了他们给公司命名的故事。最初,他们看了很多ST开头的词,因为他们认为ST开头的词都很不错。"有人不知为什么拿出一张绘制了喀斯喀特山脉和雷尼尔山的旧矿山图,上面有一个老矿业城镇——Starbo。而我一看到这个城镇名,就想到了白鲸记(Mobi-Dick)里的一个名叫星巴克的角色。"美国作家梅尔·维尔的小说《大白鲨》,故事里面有一艘捕鲸船,船上的大副非常喜欢喝咖啡,他的名字就叫:Starbuck。

资源来源:搜狐财经

③具有一定的象征意义

企业名称需要有一定的内涵和象征意义,这样既有利于营销传播,也有利于消费者接受或识别。企业名称还是企业文化的重要组成部分,它不仅仅是一种符号,往往还蕴含着企业的精神、使命和价值追求。如有些企业以创始人的名字命名,象征着一种尊重、荣耀和创业精神。下面让我们来认识一些以创始人名字命名的企业。

惠普(HP)电脑公司的创立者是 William Hewlett(威廉·休利特)与 David Packard(戴维·帕卡德),公司名称取自创始人名字的首字母,据说,当年在决定公司以他俩名字命名后,是以掷硬币的方式决定谁的名字在前。

戴尔是全球知名的算机硬件制造商,由 Michael Dell(迈克尔·戴尔)于 1984 年创立于美国。

迪士尼,全称为 The Walt Disney Company,主要业务包括娱乐节目制作、主题公园、玩具、图书、电子游戏和传媒网络等,企业名称来源于其创始人华特·迪士尼(Walt Disney)。

拜耳是全球制药业巨头,公司前身是 1863 年由 Friedrich Bayer(弗里德里希·拜耳)在德国创建。该公司生产的阿司匹林(Aspirin),被人们称为"世纪之药",也创造出了"魔鬼的杰作"——海洛因(heroin)。

克莱斯勒(Chrysler)是美国的著名汽车公司,同时也是美国三大汽车公司之一,由沃尔特·克莱斯勒(Walter Chrysler)于 1925 年 6 月 6 日创立。其旗下品牌道奇也是由道奇兄弟公司的创始人约翰·道奇(John Dodge)和霍瑞德·道奇(Horade Dodge)的姓氏"Dodge"命名的。在汽车领域,还有诸如福特(Ford)、保时捷(Porsche)、劳斯莱斯(Rolls-Royce)、法拉利(Ferrari)、阿斯顿·马丁(Aston Martin)等都是以创始人的名字命名的。

我国著名运动品牌李宁(LI-NING),是以我国著名体操队运动员李宁的名字命名的。另一个体育用品品牌阿迪达斯(adidas)创办于 1949 年,是德国运动用品制造商阿迪达斯 AG 成员公司,也是以其创办人阿道夫·阿迪·达斯勒(Adolf Adi Dassler)命名。

强生(Johnson & Johnson),是全球著名医疗卫生保健品及消费者护理产品公司制造商。于 1886 年由美国人罗伯特·伍德·约翰逊(Robert Wood Johnson)与他的两个兄弟创立,旗下拥有强生婴儿、露得清、可伶可俐、娇爽、邦迪、达克宁、泰诺等众多知名品牌。

8.1.2 企业品牌形象设计

企业品牌设计需要以品牌定位为依据,从品牌名称、品牌标志、品牌形象、品牌故事等各个角度进行全方位设计和策划。

①品牌定位

品牌定位是基于企业的市场定位、产品定位和企业文化的延伸,是品牌形象设计、品牌建设与推广的前提和基础,对于能否与顾客实施良好的沟通和建立良好的关系具有重要影响。

② **品牌名称、标志**

围绕产品特性和品牌定位,设计品牌名称、品牌标志。品牌名称是品牌的文字表达,品牌标志是品牌的形象表达。品牌标志的表达方式多种多样,表达内容丰富,是品牌建设必不可少的要素。

品牌名称	品牌标志
江小白	
三只松鼠	
苹果	
李宁	
力帆	

有趣的译名

宝洁,英文名称:Procter & Gamble,是宝洁公司两位创始人的组合,中文译名"宝洁",符合公司产品类型。舒肤佳是宝洁公司日用品品牌之一,英文名"safeguard",意为"保护,防护",契合产品品牌倡导的安全健康形象。中译名"舒肤佳",不仅与英文读音相仿,同样也符合产品的定位和形象。

奔驰,是世界上高档汽车品牌之一,品牌名称源自其创始人卡尔·弗里特立奇·本茨(Carl Friedrich Benz),进入中国市场后,译名"奔驰",非常契合汽车品牌特征,也暗示了汽车的良好性能;其他,诸如宝马(Bayerische Motoren Werke,BMW,AG 巴伐利亚发动机制造厂股份有限公司)、悍马(Hummer)、捷豹(Jaguar)、路虎(Landrover)、保时捷(Porsche)等,这些译名都非常巧妙。

③ **品牌故事**

讲故事是最古老、最有效的一种沟通方式之一。企业在塑造品牌时,同样可以将品牌价值理念融入故事,将品牌人格化,搭建消费者与品牌情感连接的桥梁,这有助于人们对品牌价值理念的认同。融合了品牌核心价值理念和目标受众价值观的主题,精心设计的故事情节,经由媒介传播,并与目标受众情感交流,旨在引发目标受众的品牌兴趣并获得其认可,进而产生购买行为的一系列实践活动。品牌故事是品牌形成的经历以及品牌的寓意(许晖,2016)。

品牌故事与病毒营销相结合,在现代信息技术的推动下,通过人际关系网络,口口相传,不断扩散和裂变,对于品牌传播具有重要作用。

那么品牌故事从哪里来?品牌故事可能是伴随着品牌的产生和发展而产生并不断丰富,也可能是基于营销之目的,进行有准备的、精心的设计。

案例

"农夫山泉有点甜。""我们不生产水,我们只是大自然的搬运工。"这既是经典的广告语,也体现了"农夫山泉"对水质的要求和追求。为了传播企业的价值追求,塑造企业品牌形象,围绕着"水源"这一产品的核心要素,农夫山泉设计策划了一系列"农夫山泉"品牌故事宣传视频,如"一百二十里""一个人的岛""一天的假期""每一滴水都有它的源头"等。

8.2 新企业地址的选择

案例引入

农夫山泉选址

农夫山泉主张"天然、健康"的产品理念,不使用城市自来水生产瓶装饮用水,水源地建厂,水源地灌装。水源质量对农夫山泉的生存和发展至关重要。为了确保水质,选址非常关键。为此,农夫山泉在全国八个水源地(浙江千岛湖、吉林长白山、湖北丹江口、广东万绿湖、宝鸡太白山、新疆天山玛纳斯、四川峨眉山以及贵州武陵山)选址建厂,进行规模化生产,并通过遍布全国的营销网络,将各产品分销至全国各地。

资源来源:农夫山泉网站并经过整理

8.2.1 影响选址的因素

不论是传统意义上的物理空间选址,还是互联网背景下的虚拟空间选址,都要进行全方位的思考和比较,从而选择最佳方案。

① 成本支出

企业的空间位置与企业的成本支出息息相关。企业所处的位置决定了企业的人工成本、物料采购成本、产品运输成本、土地成本、租金成本、建造成本、物业成本等,而成本又决定了企业的利润以及竞争力,因此,选址必须考虑成本问题。

② 企业形象

企业选址,特别是零售环节选址,还需要考虑企业的形象和定位,目标区域应该与企业形象和整体定位相匹配,并符合目标顾客的购买习惯。

③ 目标人群流量

目标人群流量就是企业的市场空间,有多大的流量就有多大的市场空间。对于零售企业来说,人流量是最至关重要的因素,人流量决定了进店量,进店量决定了成交量,成交量决定了企业的业绩。

④企业战略

企业战略也是决定选址的重要因素,也可以称为企业空间战略布局。企业战略是企业的最高目标定位,为了适应企业空间战略布局之需要,进入某个目标市场和目标区域,企业可以不惜成本的代价,甚至亏损。

⑤环境条件

环境条件包括自然环境、人文环境、政治环境、消费能力、商业环境、交通条件、物业条件、资源条件等。环境条件对于企业的生产经营活动具有重要影响,甚至是决定性的,如食品企业的生产环境必须符合国家对食品安全的评价标准,因此食品生产企业选址必须考虑自然环境因素,而且是决定性的。

创新思维馆

选址不是你想选就能选
选址将成为制约企业发展的重要因素
麦当劳联手中国恒大欲获优先选址

麦当劳中国与恒大地产合作,希望为即将新建的麦当劳餐厅选取最佳店址,力争赶上竞争对手肯德基。恒大将在 250 个城市为麦当劳优先提供选址。同时,麦当劳也有意与万科和中国海外发展有限公司达成类似战略合作。

资源来源:http://finance.qq.com/a/20170816/036801.htm

8.2.2 新企业选址流程

①确定宏观目标区域

新企业选址首先需要根据企业战略、宏观环境、资源条件、成本等因素,确定企业选址的宏观目标区域。宏观目标区域一般可以定位为某个国家某个区域的某个城市范围。

②确定微观目标区域

宏观目标区域确定之后,企业根据分析比较成本、物业条件、人流量、商业环境、自然环境等因素,确定企业选址的具体位置。

案例

肯德基"五步选址法"

经过长期的实践积累,肯德基形成了一套标准和成熟的选址分析程序,通过事前严密的调查分析降低经营风险。

第一步:收集、分析城市人口及经济数据

肯德基选址前,首先要收集该城市的人口数据资料,如市区人口总量、人口密度、人均收入、人均消费水平等经济指标,并进行分析。

第二步:评估、选择商圈

在分析相关数据后,实地考察该城市的主要商业区域,并划分出商圈类型:商业型商圈的范围以步行至店址 5 分钟的距离划定;社区型商圈的范围以步行至店址 10 分钟的距离划定;等。

第三步:统计、分析商圈内人口总数及特征

在商圈划分之后,仔细了解目标商圈内的常住人口、流动人口数量、平均收入(高于平均/平均/低于平均)、平均消费(高于平均/平均/低于平均)及目标顾客前往该商圈的交通方式,如:步行、驾车、公交、轻轨等。

第四步:选择集客点

在确定商圈后,逐个分析商圈内的人流聚集场所,即集客点。在评估集客点时,需要实地勘察该场所或区域是否有大型百货商场、购物中心、商业步行街、政府机构、医院、学校及娱乐和休闲中心等,并就其规模做出规模估算和相关数据统计。

第五步:集客点评估

初步选定的店址是否为较大的集客点,肯德基一般通过人潮流量测试来检验。

1. 制订周一至周日(七天)的人潮流量统计计划。
2. 根据七天的评估计划,每天派专人在候选店址门前(以营业时间长度为准),用专用量表记录经过门前的人潮流量,连续测七天,任何情况下都不得中断。
3. 每个时段(小时)内测算有多少人经过该位置并填入表中。除了测出该位置所在人行道上的人流外,还要测马路中间和马路对面的人流量。马路中间的只计算骑自行车的。是否测算马路对面的人流量,则要看该位置前的马路宽度,原则上,无隔离带的马路对面的行人要做计算。
4. 人潮流量统计结束后,选址人员将采集来的人流量数据乘以肯德基的"捕获率"经验值,即可获得可能进该店的消费者的数量,辅以其他营业额预估参数,即可预估该店的每个时段/天/月/年度的平均销售额。
5. 再将相关数据输入专用的计算机软件,可测算出该店的总投资额和投资回收期。

资源来源:https://wenku.baidu.com/view/58a01a4ea58da0116d174926.html

8.3 新企业的注册流程

8.3.1 证照合一与验资调整

①证照合一

为了提高注册效率,简化办事流程,进一步激发市场活力,我国采取了多项改革措施。其中,证照合一就是其中一个。证照合一对企业注册具有一定影响,进一步减化了流程,使企业注册更加便捷。

什么是"三证合一"?

"三证合一、一照一码"登记制度改革,是将原来企业登记时分别由工商部门核发工商营业执照、质监部门核发组织机构代码证、税务部门核发税务登记证,对应的三个代码:工商注册号、组织机构代码、纳税人识别号,改为一次申请,原来需要办理的三个证件合并为一个营业执照,三个代码合并为统一社会信用代码。"三证合一、一照一码"实施后的营业执照就像居民唯一的"身份证",一个企业主体只拥有一个统一代码,一个统一代码只赋予一个企业主体。企业凭"三证合一、一照一码"的营业执照可以在政府机关、金融、保险机构等部门证明其主体身份、办理相关业务,相关部门都予以认可,并且全国通用。

新营业执照将原来15位工商注册号改为18位的统一社会信用代码,包括第1位登记管理部门代码、第2位机构类别代码、第3—8位登记管理机关行政区划码、第9—17位主体标识码(组织机构代码)、第18位校验码五个部分。

三证合一范围包括所有的有限责任公司、股份有限公司、非公司制企业法人、合伙企业、个人独资企业、农民专业合作社及上述市场主体的分支机构、外国(地区)企业常驻代表机构、外国(地区)企业在中国从事生产经营活动的市场主体。

除了公司和企业单位实施"三证合一"以外,个体工商登记也在进行"两证整合"的改革。实施个体工商户"两证整合"后,个体工商户不需要分别办理工商营业执照和税务登记证,工商行政管理部门向新开业个体工商户发放加载统一社会信用代码的营业执照。

②取消验资

2014年实施的《中华人民共和国公司法》,对公司注册验资有了新的规定:

第一,将注册资本实缴登记制改为认缴登记制。取消公司股东(发起人)应当自公司成立之日起两年内缴足出资,投资公司可以在五年内缴足出资的规定;取消一人有限责任公司股东应当一次足额缴纳出资的规定。公司股东(发起人)自主约定认缴出资额、出资方式、出资期限等,并记载于公司章程。

第二,放宽注册资本登记条件。取消有限责任公司最低注册资本3万元、一人有限责任公司最低注册资本10万元、股份有限公司最低注册资本500万元的限制;不再限制公司设立时股东(发起人)的首次出资比例;不再限制股东(发起人)的货币出资比例。

第三,简化登记事项和登记文件。有限责任公司股东认缴出资额、公司实收资本不再作为公司登记事项。公司登记时,不需要提交验资报告。

8.3.2　企业法人注册流程

"三证合一"及取消验资后,企业法人注册流程有所简化,主要经过核名、预审、办理营业执照、刻章、税务备案、开立账户等步骤。

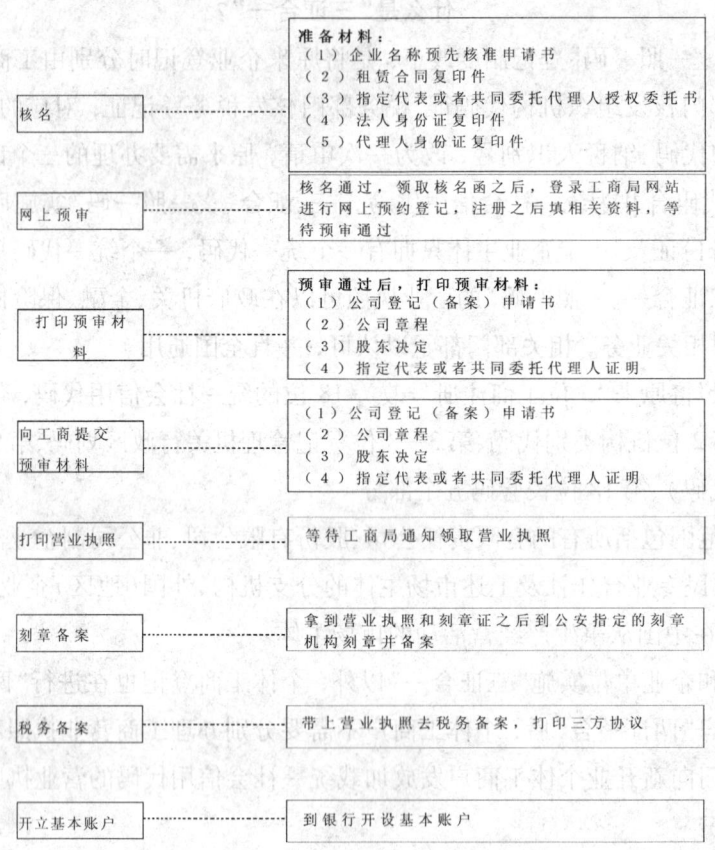

8.3.3 个体工商户注册流程

①工商流程

1)申请人提交开业申请材料,申请材料齐全、符合法定形式的予以受理;申请材料不齐全或不符合法定形式的退回补正材料。

2)受理的,发放受理通知书;不予受理的,发放不予受理通知书。

3)审核不通过的,发放不予核准通知书。

4)审核通过后赋予个体工商户统一社会信用代码。

5)赋码后,打印核准通知书。

6)向税务机关传输开业信息,并向质检部门传输相关信息。

7)进行双告知。

8)打印营业执照并向申请人发照。

②税务流程

外部信息交换系统获取工商部门传递的"两证整合"个体工商户登记信息后,依据个体工商户生产经营地址(以生产经营地址的行政区划为标识)按户自动清分至县(区)税务机关。

8.4 新企业相关优惠政策

8.4.1 税收优惠

对于符合条件的企业,可以按照国家和地方的相关政策,享受税收的减免或退还。

减税、免税,是指按照税收法律、法规减除或免除纳税义务人一部分应纳税款。退税是指国家按规定将纳税人已纳税款退还给纳税人,即国家为鼓励纳税人从事或扩大某种经济活动而给予的税款退还。

享受企业所得税定期减税或免税的新办企业标准:

第一,按照国家法律、法规以及有关规定在工商行政主管部门办理设立登记,新注册成立的企业。

第二,新办企业的权益性出资人(股东或其他权益投资方)实际出资中固定资产、无形资产等非货币性资产的累计出资额占新办企业注册资金的比例一般不得超过25%。

其中,新办企业的注册资金为企业在工商行政主管部门登记的实收资本或股本。非货币性资产包括建筑物、机器、设备等固定资产,以及专利权、商标权、非专利技术等无形资产。新办企业的权益性投资人以非货币性资产进行出资的,经有资质的会计(审计、税务)事务所进行评估的,以评估后的价值作为出资金额;未经评估的,由纳税人提供同类资产或类似资产当日或最近月份的市场价格,由主管税务机关核定。

第三,新办企业在享受企业所得税定期减税或免税优惠政策期间,从权益性投资人及其关联方累计购置的非货币性资产超过注册资金25%的,将不再享受相关企业所得税减免税政策优惠。

小型微型企业从事国家鼓励发展的投资项目,进口项目自用且国内不能生产的先进设备,按照有关规定免征关税。

8.4.2 贷款支持

新办企业一般为中小微型企业,而我国对中小微企业融资方面的支持力度很大。国家鼓励金融机构充分利用机构和网点优势,加大对小型微型企业金融服务专营机构建设力度,科学调整信贷结构,针对小型微型企业的经营特点和融资需求特征,创新产品和服务。在商业可持续和有效控制风险的前提下,单列小型微型企业信贷计划,确保小微企业获得有力的贷款支持。各级政府还设立有创业投资引导基金和担保机构,积极支持创业和新办企业发展。

8.4.3 财政补贴及行政规费减免

符合条件的企业可以向政府申请财政补贴,如贷款贴息、研发补贴、微型企业资本金补助等。另外，新办企业还可以按政策申请享受或直接享受行政性规费减免。

8.4.4 公共服务

为了对创业者进行全方位支持，我国加强了公共服务平台建设和创业基地（微型企业孵化园、科技孵化园、商贸企业集聚区等）建设的支持力度。公共服务平台可以为新办企业提供管理指导、技能培训、市场开拓、标准咨询、检验检测认证、工商登记等一系列综合服务；创业基地可以为新办企业提供金融、法律、人力、工商、税务等一站式服务项目，并为新办企业提供了良好的商业环境和氛围，加强企业与企业之间的沟通、交流、合作。总之，通过提供良好的公共服务，为新办企业提供了优质的创业及发展环境。

创业训练营

申请补贴是小事，吸引投资是大事

享受各项支持政策，固然对新办企业的生存和发展具有重要作用，但新办企业不能只关注如何获得国家扶持，要通过市场手段，吸引投资，才能解决企业长期发展的问题。能够吸引到投资的项目才是经得起市场检验的有潜力的项目。

天使投资（Angel Investment）是权益资本投资的一种形式，是指富有的个人出资协助具有专门技术或独特概念的原创项目或小型初创企业，进行一次性的前期投资。

VC 是 Venture Capital 的缩写，即风险投资。

PE 是 Private Equity 的缩写，即私募股权投资。

2012 年成立的三只松鼠，只是一个 5 人的小团队。依靠电商流量的红利，5 年间取得了亮眼的业绩。2014 年至 2016 年，其营业收入分别为 9.24 亿元、20.43 亿元、44.23 亿元，年复合增长率达到 118.72%。同期实现净利 -1286 万元、897 万元、2.37 亿元，2015 年扭亏为盈，2016 年暴增 25 倍。这一业绩略低于同行业 A 股上市公司洽洽食品 2015 年 3.54 亿元的净利。但其快速成长得益于资本的支持。三只松鼠成立之初，便获得 IDG 资本 150 万美元的天使投资。次年 5 月，又获得今日资本、IDG 资本 B 轮投资，共计融资 617 万美元。2014 年 3 月，IDG 资本、今日资本追加 1.2 亿元 C 轮投资。2015 年 9 月，三只松鼠进行 D 轮融资，峰瑞资本携 3 亿元参与。

（资料来源：网易财经 http://money.163.com/）

8.5 新企业的生存管理

2013 年，国家工商总局发布的《全国内资企业生存时间分析报告》显示，企业累计存活率呈逐年下降趋势。企业成立后的第 5 年累计存活率为 68.9%，已经退出市场的企业达到 31.1%；第 9 年企业的累计存活率为 49.6%，即仅有约半数的企业能存活 8 年以上。随着企业成立时间延长，企业累计存活率进一步降低，到第 13 年为 38.8%。

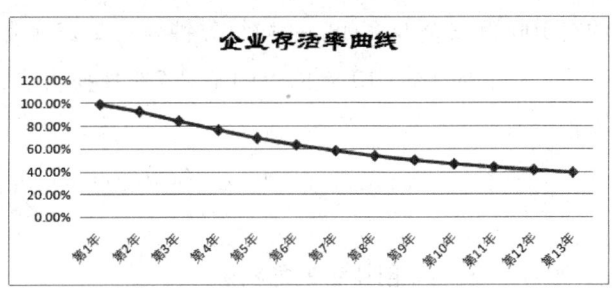

8-1 企业存活率曲线

数据来源:国家工商总局全国内资企业生存时间分析报告,2013

根据 2000 年以来新设立企业退出市场情况来看,企业当期平均死亡率呈倒"U"形分布,即前高后低、前快后慢态势。企业成立当年的平均死亡率为 1.6%,第二年为 6.3%,第 4 年最高,为 9.5%。总体来看,企业成立后的 3—7 年当期平均死亡率较高,随后渐趋平缓。从图 8-2 可以看出,企业在其成立后的第 3 年开始进入死亡高发期,一旦度过了"七年之痒",死亡率便开始有所下降。

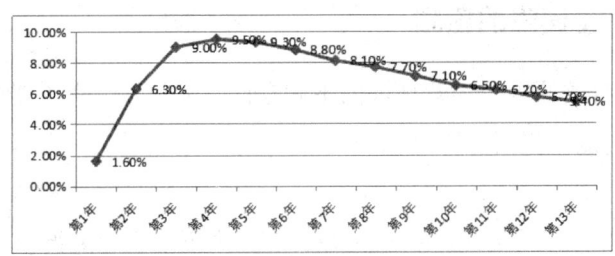

图 8-2 企业当期平均死亡率曲线

数据来源:国家工商总局全国内资企业生存时间分析报告,2013

从 2008 年初至 2012 年底,五年内全国累计退出市场的企业共 394.22 万户,平均寿命为 6.09 年。从退出企业寿命分布来看,寿命为 1 年以内(即注册后当年退出市场)的企业最多,共 53.96 万户,占退出企业总量的 13.7%;其次是寿命为 2 年的企业,共 53.18 万户,占退出企业总量 13.5%;寿命在 5 年以内的企业合计 233.12 万户,占退出企业总量的 59.1%。

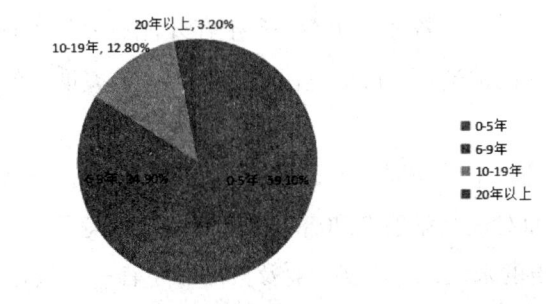

图 8-3 企业寿命

数据来源:国家工商总局全国内资企业生存时间分析报告,2013

我们往往把创业成功者初期的痛苦经历看成一个非常励志的故事,却忽视了初创企业的生存风险。中国每年约有 100 万家企业倒闭，平均每分钟就有 2 家企业倒闭！中国 4000 多万中小企业，存活 5 年以上的不到 7%，10 年以上的不到 2%！换言之，中国超过 98% 的创业企业最终都会走向死亡。

数据来源：搜狐财经 http://www.sohu.com/a/139504699_473433

创业训练营

创业者的危机感

百度离破产只有 30 天。

——李彦宏

微软永远离破产只有 18 个月。

——比尔·盖茨

华为的冬天。

——任正非（写于 2000 年华为快速成长期）

8.5.1 初创企业面临的困难

由于初创企业自身的原因及经营环境的不确定性和复杂性，使初创企业在资金、市场、技术、内部管理等方面可能面临诸多困难。

① 资金问题

初创企业大多面临着资金难题，特别是在自有资金不足需要外部融资的情况下。初创企业融资难问题的根源在于初创企业未来发展的不确定性。无论是借贷还是吸引投资，融资对象都要考虑资金的安全问题和收益问题，而初创企业的这种不确定性增加了融资对象的资金风险，及对收益的担忧。尽管国家层面采取了多种措施鼓励金融机构支持创新创业，扶持中小微企业发展，但资本追求利益最大化、风险最小化的本质决定了初创企业融资难的问题还将长期存在。

② 市场不确定性

有收入才能有收益，有收益才有生存，有生存才能有发展。而收入来源于市场，市场是企业的试金石，是企业的锻造厂，市场是决定企业命运至关重要的因素，可以说，没有市场，就没有一切。

对于初创企业而方，市场需要从零开始一步一步去开拓、维持和发展。从波特五力模型可以看出，企业需要面对现有竞争者和潜在进入者的双重竞争压力，可谓"前有堵截，后有追兵"。而从消费者的角度来说，对初创企业及其产品还有一个熟悉、认可和接受的过程。

总之，市场的不确定性是初创企业面临的最大难题，也是初创企业需要攻克的首要关卡。只要市场被打开，资金问题就会得到有效解决，同时，良好的市场也是解决其他问题的良药。

③信息、知识与决策问题

当今社会,是知识经济时代,是信息时代,信息和知识是企业的重要资源。信息主要是指外部信息,企业知识包括内部知识资源和外部知识资源。信息是决策的基础,知识是经营的基础。企业对信息资源的获取和利用能力,以及企业内部知识资源、外部知识资源获取、积累和利用的能力,决定了企业的生存和发展能力。而对于初创企业来说,这两个方面都是欠缺的。

④信任与社会关系问题

信任是企业建立良好社会关系的前提和基础,社会关系可以为企业营造良好的经营环境,是企业生存和发展重要的外部因素。社会关系包括企业与供应商、经销商、消费者、政府机构、金融机构、员工、公众等的关系。与供应商的关系不理想,可能使供应体系出现问题;没有与经销商建立长期合作伙伴关系,就会影响企业的市场销售;与员工的关系不融洽,企业发展就缺少人力资源保障;等等。

建立信任最根本的是实力、能力,其次是信誉。简单地说,一就是在合作、交易过程中要有达到双方或多方目标的能力,二就是在合作、交易过程中要诚实、守信。信任的建立是一个长期的、持续的积累过程,而初创企业在这方面也是短板。

⑤内部管理

管理出效益,管理也是生产力,也是竞争力,优秀的管理是企业成功的重要保障。但管理水平的提高不是一蹴而就的,需要长期的积累。初创企业由于制度建设不完善、企业文化缺失、员工行为不规范、人才流失等问题,使内部管理陷入混乱,给企业带来危机。

8.5.2 初创企业的生存之道

①不要盲目膨胀

盲目膨胀不等同理性扩张,并不是说初创企业不能进行快速的发展扩张。所谓盲目膨胀是指初创企业在市场前景不明确、资金非常有限或其他条件不具备的状况下进行的非理性快速扩张。由于资源过度分散、经营管理不善等原因,或市场风云变幻,从而给企业带来较大的经营风险。

初创企业最根本任务是求生存,然后才是谋发展,必须步步为营,稳扎稳打。对于市场机会要认真分析和权衡,本着审慎原则进行决策,既要防控风险,又不能错失良机。

案例   **乐视之困**

乐视曾反思自身遭遇的供应链质疑,称乐视战线过长,导致资金面临极大挑战。陷入资金困局的乐视警示我国互联网企业:发展应该以追求精致和品质为第一要义,而不是急于追求规模,只有卓越的品质才能助推企业成长进步。

作为国内第一家在A股上市的视频网站,发展至横跨电视、手机、汽车、金融、体育、影视等诸多板块的多元化现代企业,乐视网用短短几年时间成为我国互联网企业发展史上一道特殊的风景，形成了独有的"乐视现象"。当然，在发展过程中，其面临的挑战也是显而易见的。七大子生态齐头并进，必然需要源源不断的巨额资金持续输血，需要不断创新商业模式赢得市场。但由于扩张过快、揠苗助长，乐视这个庞大的生态帝国就像一艘庞大的战舰，在惊涛骇浪中风雨飘摇、险象环生。

我国不少企业以做大做强为发展的终极目标，借助资本的力量不断扩张，却缺乏精益求精的匠人精神。乐视跨界七个领域，且在大多数领域都取得了一定的成就，但互联网思维追求极致精神，乐视难以在某一个领域培育绝对的核心竞争力，电视业务不温不火、手机板块乏善可陈、汽车业务一片荒蛮、生态圈也难见繁荣。

任何企业都应该掌握好增长的节奏。近年来，我国互联网企业发展呈井喷之势，在一个又一个风口上，热钱滚滚，不少企业疯狂追逐，通常在主业做大之后，就去寻求上下游扩张、横向扩张乃至空间上的跨区域扩张。有关调查显示，创业公司的死亡，70%都是因为盲目扩张。

（资料来源：http://finance.sina.com.cn/roll/2017-05-26/doc-ifyfqvmh9006783.shtml）

②保持充足现金流

如上所述，初创企业普遍存在着融资难题，另外，初创企业存在市场开拓的不确定性，因此，企业收入具有不稳定性和不确定性。融资和营收是保持企业现金流入的主要来源，在这两方面存有较大变数时，如果企业不能科学规划和使用资金，做好资金留存和储备，就可能面临现金短缺，甚至出现资金流断裂的风险，这对于初创企业来说是致命的。

案例   **稻盛和夫：在萧条中飞跃的大智慧**

高收益的体质使企业积累了相当多的内部留存。纵使因萧条而转为赤字，一年两年，就是不向银行借款，不解雇员工，企业照样挺得下去。缺乏高收益体质，经营拮据，企业就无法储备自有资金，只有高收益才能对抗经济萧条。

无论作为一个普通的人，还是作为经营者，我都属于谨慎小心又爱操心的那一类。一旦遭遇萧条该怎么办呢？我从年轻时开始，就一直忐忑不安，也正因为如此，我就格外努力，结果是实现了高收益，同时也增强了企业的体质。所以，1974年石油危机到来时，在公司的安全性方面我有足够的自信。经济不景气，员工就动摇，当时我这样说："请大家不要担心，即使优秀企业也因不景气接连破产，然而我们'京瓷'仍然可以生存，哪怕两年三年销售额为零，员工们照样有饭吃，因为我们具备足够的内部留存。所以大家不必惊慌，让我们沉着应战，继续努力。"我用这些话来稳定军心，而事实上当时我们的确有足够的资金。

京瓷经营至今，一直在不断地充实企业的内部留存。截至2008年3月，"京瓷"集团有现金、银行存款6 000亿日元，股票4 000—5 000亿日元，合计约有10 000亿日元的内部留存，足以应对任何的萧条与不景气。这就是松下幸之助所讲的"水库式经营"。几十年前我听松下先生讲演时，也想搞"水库式经营"，而且从那时开始我就一直实行"水库式经营"，这就是防御萧条最好的办法。而且这样做还能稳定人心，面对萧条，员工们可以不必惊惶失措，而能沉着冷静地去克服困难,这就是高收益的企业体质所具备的优点。

资料来源:http://www.sohu.com/a/161360425_99915097

③保持核心竞争力

竞争是市场经济环境下不可回避的话题,是市场运转和经济发展的推动力。参与竞争、赢得竞争也是企业面临的一个重要和贯穿始终的课题。任何企业都面临外在的竞争,唯一的区别是不同企业抵御竞争风险的能力不同。

随着市场进一步开放、电子商务发展和信息更加充分和透明,企业所处的竞争环境将更加残酷,竞争将更加激烈。初创企业要想生存和发展,需要具有应对持续竞争的能力,这种能力就是企业的核心竞争力。企业不分大小,都可以建立自身的核心竞争能力。核心竞争力是一个相对的概念,是在竞争过程中逐渐形成或确定的。初创企业需要不断总结市场竞争经验,发掘、确定和强化异于他人并不易模仿的竞争能力。

④重视市场开拓

市场是企业的生命线,初创企业需要把市场开拓作为一切工作的重中之重,牢牢把握这条生命线。初创企业开拓市场可以从以下五个方面着手:第一,确保相对充足的市场费用;第二,建立优秀的市场队伍;第三,开拓并稳定销售渠道;第四,加强客户关系管理;第五,创新营销策略。

⑤人才管理

初创企业在吸引人才、保留人才方面具有一定劣势,这也是制约初创企业发展的关键因素。但尽管如此,初创企业也同样具有自身的优势,就是企业发展无限的可能性。这种发展的不确定性和可能性对于喜欢挑战的人来说是施展才华、发展事业、实现梦想的大舞台,具有一定吸引力。当然,这种吸引力的大小取决于企业创始人释放的信心,以及创始人让权、让利的大小。

本章小结

本章主要讲述了企业创建准备、新企业优惠政策及创业初期的生存管理三个方面的内容。企业创建的准备工作很多,也很重要,事关企业日后的经营和发展,本章着重介绍了企业名称及品牌设计、企业选址和企业注册。企业名称和品牌虽然不直接对企业的经营失败产生决定性的影响,但其是企业定位、企业文化、企业愿景等的承载形式,被赋予一定内涵的这些标签符号,对企业营销传播具有重要意义,就像人的名字一样,不能过于迷信,也不能过于随意。企业选址有较为成熟的分析评价体系,问题的关键在于数据和信息的收集。从肯德基的五步选址法可以看出,一个优秀企业对于选址的审慎态度,以及对调查研究、模型分析等科学方法的应用。企业注册的要求和流程会随着政策的调整而有所改变,而且是较为硬性和明确的条文规定,比较容易获取这些知识。同样,初创企业优惠政策也是非常灵活的,因时因地及因企业自身情况不同,所能享受的优惠政策都会有所不同,因此,学习者只需要做到基本了解即可。初创企业生存管理是本章的重点内容,介绍了新企业面临的困境及生存之道。

由于初创企业失败的原因是多种多样、千差万别的,用哲学观点来看,没有任何企业面临的问题是一样的,也没有任何企业的失败原因是完全相同的,因此,需要灵活学习和掌握,多进行案例剖析。

思考与测试

1. 企业经营内容与选址的关系是什么样子的?
2. 酒香到底怕不怕巷子深?
3. 初创企业如何赢得消费者的信任?
4. 初创企业如何留住人才?

推荐书目

吴晓波.大败局2[M],浙江:浙江大学出版社,2013年.

参考文献

[1]许晖,牛大为."攻心为上":品牌故事视角下本土品牌成长演化机制[J].经济管理,2016(9):110.

[2]陈治中,石钰.病毒营销的理论综述与研究前瞻[J].现代管理科学,2016(8):33-35.

第9章　把创新思维融入到新企业管理中去

名人名言

聪明的设想出现的创新数量极大，哪怕成功的百分比比较小，仍然是开辟新行业、提供新职业、给经济增添新的活动面的巨大源泉。

——现代管理学之父　彼得德鲁克

创新应当是企业家的主要特征，企业家不是投机商，也不是只知道赚钱、存钱的守财奴，而应该是一个大胆创新、敢于冒险、善于开拓的创造型人才。

——奥地利经济学家　熊彼特

提出新的问题、新的可能性，以及从新的角度看旧的问题，需要有创造性的想象力，而且标志着科学的真正进步。

——犹太裔物理学家　爱因斯坦

作为一个未来的总裁，应该具有激发和识别创新思想的才能。

——美国管理学家　斯威尼

学习目标

1. 什么是产品创新，产品创新的途径有哪些？
2. 什么是服务创新，服务创新的途径有哪些？
3. 什么是市场竞争策略创新，新创企业应采取哪些市场竞争策略？
4. 什么是管理制度创新，怎样通过管理制度创新来维护好企业与客户、供应商的关系并激励企业员工？
5. 什么是商业模式创新，现在比较好的商业模式有哪些？
6. 什么是企业文化创新，企业文化创新包括哪些层面？

9.1 产品创新

新型"K 歌神器"——迷你 KTV

最近一年,这种长得像电话亭却集合唱歌、听歌、录歌、线上分享传播等功能于一体的玻璃房子,从沿海地区扩张到全国,成为收割消费者碎片化时间的神器,这就是迷你 KTV。这种迷你 KTV 目前以友唱、咪哒等为代表(见图 9-1)。和传统 KTV 不一样,迷你 KTV 面积很小,通常设在商场、机场、步行街或学校外面等人流量多的地方。迷你 KTV 内配备了顶尖品质的卡拉 OK 设备,呈现给顾客专业的演唱效果和录音效果,用户只需用微信扫码登录服务号即可点歌,手机支付后开始演唱。演唱结束后,还可将演唱的歌曲制作成个人精美音乐专辑。此外,全钢化玻璃、一体化铁架的空间具有很好的隔音效果,消费者可以在里面放心欢唱而不用担心影响他人。通常一个人去 KTV 唱歌会比较尴尬,但这种迷你 KTV 能避免这种尴尬,逛街累了或是看电影开场之前的等待时间,都可以利用这些碎片化的时间在迷你 KTV 里唱一首。

从传统 KTV 到迷你 KTV,这是一种产品创新。那么,什么是产品创新,应该怎样进行产品创新呢?

图 9-1 迷你 KTV

9.1.1 相关概念

产品创新指创造某种新的产品或改善老产品来开辟新的市场并满足市场需求。在企业经营管理中,持续不断的产品创新是企业克敌制胜的法宝。产品创新有两种途径:内部研发和外部获取。内部研发指企业通过自己的力量来研制新技术开发新产品,外部获取指企业直接从外部如通过购买、授权许可等方式来获取某种新技术、新工艺的生产权、使用权或销售权。产品创新可通过产品外观创新、产品功能创新和产品内涵创新等来实现。

9.1.2 产品外观创新

产品外观创新就是改变产品的颜色、形状、材料和结构等,给消费者带来视觉享受引起消费者的注意,让消费者在众多产品中选择你的产品。

产品外观的颜色要注意两点:颜色与产品相符、与目标消费人群特征相符。如手机外观颜色的主流是银、白、黑,但针对女性可以有粉色,针对土豪可以有土豪金。

产品形状方面,一般而言,曲线图形比棱角分明的图形好看,具有立体感空间感的图形比单一的图形好看。同样一块饼干,小熊形状的饼干比正方形的饼干更具吸引力,心形煎蛋或五角星煎蛋比圆形煎蛋好看,一个动物形状的储物柜(见图9-2)比家里普通的储物柜更独特。

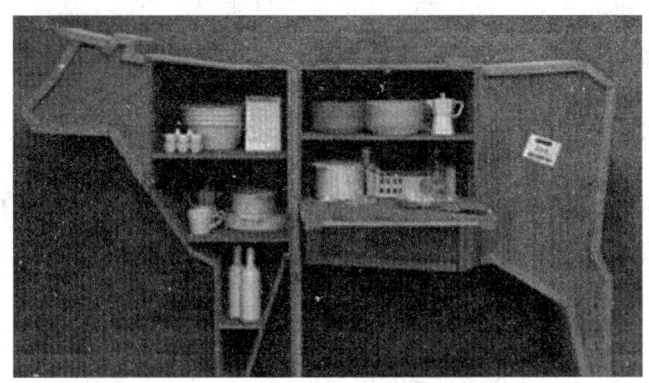

图9-2 动物形状的储物柜

产品材料创新就是根据消费者的需要,使用不同的材料来包装产品或是用于产品中,来降低产品成本,改善产品性能,满足不同消费者的需求。比如装饰材料中瓷砖价格较低,但缺乏大理石的天然花纹;大理石纹路漂亮,装饰效果好,但价格昂贵。简一大理石瓷砖融合两者的优点,通过材料创新,生产出具有天然大理石花纹的瓷砖,而且价格适中(见图9-3)。

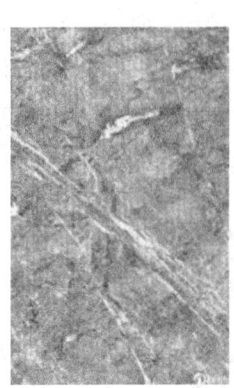 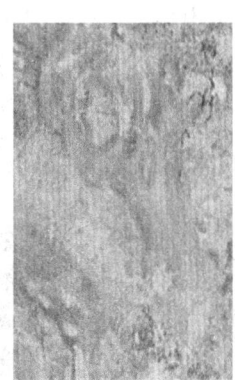 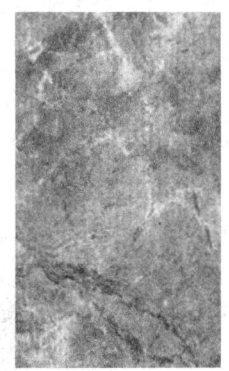

图9-3 简一大理石瓷砖

产品结构创新就是改变产品的结构,让消费者更方便地使用。如夏日炎炎,我们都喜欢吃水果。切水果一般使用传统的菜刀或者水果刀，一块一块的切，大小不一，效率不高。新型的水果刀完全改变了传统菜刀的形象，一刀搞定、一次成型、整齐划一（见图9-4）。

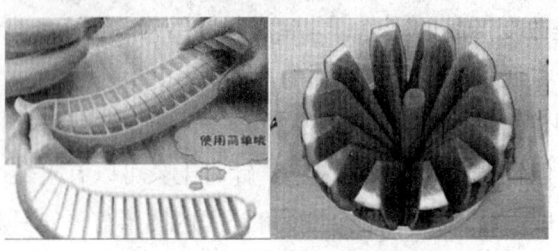

图9-4 切水果神器

创新思维馆

现在你手里有一堆啤酒瓶，如果按照废品卖，只能卖几元钱。你想重新设计这些啤酒瓶的外观，使这些啤酒瓶美观又独特，然后卖个好价钱。请问你会怎么设计呢？

9.1.3 产品功能创新

产品功能创新就是产品功能的升级和强化，满足消费者使用该产品的需求。产品功能创新是保持产品竞争力的利器，也是产品创新中最有技术含量的。产品功能创新要针对消费者需求、消费者习惯，有的放矢地创新。

小案例

手机的进化与竞争

20世纪90年代末，手机刚出来，主要的功能就是打电话、发短信，功能较为单一。国际三巨头爱立信、摩托罗拉、诺基亚，国内波导、TCL、金立、夏新等，其产品的竞争主要体现在外观形状、颜色、价格、品牌上。国产手机擅长外观创新，生产的手机质优价廉，很快挤垮了国际三巨头。而后手机在功能上和材料上不断创新，有了拍照功能，屏幕也换成了彩色LED大屏，于是三星手机异军突起，成为世界手机老大。再后来，苹果凭借在手机功能上的开拓创新，生产出了智能手机，把手机变成了电脑，使手机不仅是一个通信工具，而且成为人们离不开的娱乐工具，彻底改变了手机，改变了人们的生活娱乐方式。苹果凭借不断的创新成为手机的领军者。国产品牌也更新换代，不断创新的华为手机在一片红海中脱颖而出，成为能够与苹果、三星等国际巨头分庭抗礼的世界品牌（见图9-5）。

图9-5 手机的进化

9.1.4 产品内涵创新

始于颜值，忠于人品，人品是内涵之一。产品和人一样，产品的外观只是产品的颜值，要让消费者爱上并忠诚于你的产品，就得进行产品内涵创新。产品内涵创新的一个重要方式是注入文化元素增强产品的文化性，使产品具有持久的魅力。

西湖成为知名的景点，不仅是因为西湖美，更是因为这里有许仙和白娘子的爱情故事；游客走进山西盂县藏山风景区，因为这里有舍身救赵氏孤儿的忠义文化。同样是白酒，但文化内涵不一样。国酒茅台体现了"忠孝节义"的国酒文化；五粮液传达了中庸和谐的酒文化；泸州老窖表达了可以品味到的历史文化。文化是产品的灵魂，当产品被赋予文化内涵，产品才会历久弥新。

小案例

国窖1573的名称和包装的文化内涵

国窖1573外包装的整体色调和元素源自五星红旗（见图9-6），外包装采用中国红和金黄两大基本色，酒瓶和外包装上点缀的金五星从5个扩展为96个，象征祖国960万平方千米的土地。开盒灵感来自国花牡丹，当酒瓶从底座上取出，牡丹花就"绽放"开来，象征国色天香的品质和雍容华贵的品格。1573不仅仅是国窖酒诞生的年份，还有丰富的含义。单数和双数加起来是"8"，象征发发发。1573数字相加等于"16"，象征顺顺顺。1573还是"一往情深""一路提升"的谐音，可以满足婚庆和政务商务礼赠市场的需求。

图9-6 国窖1573的外包装

9.2 服务创新

数据一：汽车投诉网数据显示：2017上半年接到有效投诉3557宗（不含邮件、电话、传真等其他方式），其中仅投诉服务的占27%，既投诉服务又投诉质量的占17%，也就是说有

44%的投诉源于服务。

数据来源于网站汽车投诉网

数据二:2017年6月,国家邮政局和各省(区、市)邮政管理局通过"12305"邮政行业消费者申诉电话和申诉网站共受理消费者申诉119882件,其中涉及快递服务问题的有115202件,占总申诉量的96.1%。

数据来源于微信公众号"邮研网"

数据三:2017年第一季度,青海省工商局12315投诉举报办公室通过电话、来函来访和互联网等方式接受投诉505件,其中服务类投诉259件,占消费投诉总量的51.3%。

数据来源于微信公众号"青海12315"

近年来,服务投诉越来越多,如何进行服务创新不仅是提高消费者满意度的关键,也是衡量企业管理水平的重要点。

9.2.1 相关概念

服务是产品的附加值,服务创新是指通过非物质制造手段来创造或增加产品价值的活动。服务创新能保证并提高产品的功能和价值,弥补消费者在使用产品过程中的不愉快。服务创新可通过服务场所创新、服务方式创新和服务内容创新等来实现。

9.2.2 相关案例及分析

小案例

上门服务解决了小李的纠结

小李是一家公司高管,每周只有半天时间能尽情地放松。小李既想利用这半天时间做美容美甲按摩,又想在家陪母亲,但是出去做美容按摩就没时间陪母亲,这让小李很纠结,上门私人定制服务正好解决了小李的问题。小李通过美到家的APP,让美容师来家里给自己和母亲做美容。美容快结束时,小李又通过功夫熊的APP预定按摩师来家里做按摩,同时通过下厨房的APP,让大厨们来家里做了顿美味的晚餐。按摩结束了,晚餐也做好了,小李陪着母亲享受了可口的晚餐,度过了愉快的周末时光。

以前,客人需要到店里享受服务。现在,客人足不出户就可享受服务。从到店服务到上门服务,这种服务场所的创新满足了很多懒人的需求。无论是消费者,还是服务提供者,都能感受到上门服务带来的好处。对于消费者而言,上门服务可以节约消费者的时间,让消费者将节约出来的时间用在更有意义的事情上。对于服务提供者,他们可以摆脱中介和门店,减少经营成本。

据不完全统计,目前全国可以支持上门服务的O2O企业有300多家,其中大部分都有自己的APP。消费者下载个APP,动动手指就可以享受到各种上门服务。无论是对于创业者还是对于传统企业而言,"互联网+上门服务"不仅是一种新的趋势,也是一个不错的商业机会。

小案例

饭店的智能就餐服务

以前,饭店用餐多是采用人工服务的方式。随着科技的发展,智能设备用于饭店服务中,智能服务逐渐取代人工服务。排队时,顾客通过公众号就能实时了解自己的排队进程而不用在饭店门口无聊地排队。点餐时,顾客可直接在公众号上或饭店提供的 iPad 上点餐,图片、价格、评论一目了然,点完餐后直接发送至厨房。用餐时,如果顾客需要某些服务,可在公众号上点击帮助或直接按桌上的按钮,服务人员会马上来为你提供相应服务。结账时,顾客可以和工作人员核对后直接在公众号上结账或者在收银台通过微信、支付宝结账。整个用餐过程方便快捷,顾客和饭店工作人员都省时省心省力。

在饭店经营管理中,智能服务在提高服务效率的同时,降低了服务成本。智能服务也正在向其他领域延伸,如马云的无人超市、京东的机器人送货服务等。2017 年两会期间,人工智能首次被写入政府工作报告,已经上升为我国的国家战略。近日,国务院提出要在中小学阶段设置人工智能相关课程。将人工智能用于服务行业中,以智能自助服务代替人工服务的客户服务方式,以主动代替被动,将会成为一种必然的发展趋势。

小案例

海底捞的个性化服务

海底捞的个性化服务贯穿于顾客进店到离店的整个过程中:顾客等候过程中有免费上网、擦皮鞋、美甲等服务;就餐过程中,服务员为顾客擦油滴、下菜捞菜、送眼镜布、帮助喂小孩吃饭、送孕妇酸菜等;顾客用餐结束后,如遇下雨,海底捞的工作人员还会送客人回家。如果觉得某种水果或点心好吃,还可以免费带回家。海底捞的洗手间增设了美容美发护肤用品,还有免费的牙膏牙刷。大部分去过海底捞的顾客都说海底捞的个性化服务"有毒",但客人都心甘情愿地"中毒"。

在人人追求个性的时代,每个人的消费习惯和偏好都存在差异,自身条件有别,产生的需求自然不同。标准化服务,如流水线一般,看似完美但无法满足消费者千变万化的个性需求。在标准化服务的基础上,提供能满足消费者独特需求的个性化服务就尤为重要。标准化的服务内容能让客人满意,但在标准化服务基础上提供个性化服务,却能让客人感动。

创业训练营

狗狗粪便处理取纸点

对于遛狗的市民来讲,在主人没带卫生纸的情况下清理狗狗粪便是个特别麻烦的事。某小区物业的一个小举动获得了很多业主的赞赏。该小区的物业公司在小区设置了多个狗狗粪便处理取纸点,如果狗狗想要方便,狗主人可就近取纸来清理狗狗粪便。设置了取纸点后,小区的人行道和绿化带里再也看不见狗狗的粪便了。这一创新性的服务,既保护了环境也给居民提供了方便。

思考:如果你自己创办了一家物业公司,除了常规的物业服务,你还会提供哪些创新的服务,来增加你的竞争力呢?

9.3 市场竞争策略创新

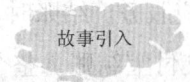
故事引入

三只松鼠

三只松鼠于 2012 年上线,在 2012 年天猫"双十一"大促中,成立刚刚 4 个多月的"三只松鼠"当日成交 800 万元,一举夺得坚果零食类目冠军宝座。2013 年的坚果销售额超过 3 亿元,2014 年销售额突破 10 亿大关,2015 年上半年就突破了 12 亿元,2016 年三只松鼠突破销售额 50 亿元。三只松鼠采用了什么市场竞争策略,使其能在短时间内在坚果市场活下来并发展壮大呢?

曾经,坚果是一个不折不扣的小品类,在人们思维定式中,这样的一个品类似乎很难诞生一个品牌。但三只松鼠采用差异化策略,成功赢得市场,在市场竞争中脱颖而出。首先是产品差异化,三只松鼠采用直营电商的方式聚焦在坚果品类上,以碧根果来打开市场,碧根果相对于开心果而言,市场潜力大,在当时就是红海中的蓝海。其次是市场差异化,三只松鼠将年轻白领作为目标市场,为了拉近和年轻人的距离,三只松鼠可爱的形象和客服松鼠等"萌文化",抓住了年轻消费者的心。最后是渠道差异化,三只松鼠通过阿里、京东的平台深度连接生产者和消费者,实现了从工厂到用户的直接对接。

思考:新企业在创立初期,因为规模小资金紧张,企业的首要目的是在激烈的市场竞争中生存下来。要想生存下来,新创企业应采取哪些市场竞争策略呢?

9.3.1 相关概念

市场竞争策略是指企业依据自己在市场上的地位,为适应市场竞争,争夺更多的市场份额而采用的具体行动方式。一般而言,新企业较多采用的竞争策略有低价策略、差异化策略和集中化策略。

9.3.2 相关案例及分析

小案例

名创优品在"零售冬天"里逆势成长

"低至十元"和"日本原创设计"是名创优品火爆的两个关键词。名创优品的商品全部从工厂定制采购然后直接卖给消费者,省掉中间环节,从而降低了产品成本。名创优品控制商品的设计核心力,由此掌握了商品的定价权。通过产品直销和控制产品定价权,名创优品的大部分产品价格低至十元甚至五元,而且质量不错。优质低价的产品使其在零售服务业关店风潮的"零售冬天"里逆势成长。

名创优品能在"零售冬天"里逆势成长,关键因素就是其产品价格低。名创优品缩减中间渠道,从厂商进货然后自己对某些产品进行设计改造后,直接将产品卖给消费者,尽量降低产品的成本,进而降低产品售价,以低价获得竞争优势,取胜竞争对手。名创优品"低至十元"的低价策略使其产品备受消费者青睐,将消费者从线上吸引到线下。

新创企业的产品知名度较低,采用低价策略能帮助企业打开市场。低价策略并不是指负毛利销售,而是以低价来赢得消费者关注,从而达到促销的目的。企业在成立初期,采用低价策略往往行之有效,低价竞争可以让对手无招架之力,但不能一直将低价策略作为企业竞争的主要策略。在市场竞争中,实施低价策略,与对手打价格战,往往杀敌一千,自损八百,自己的利润因低价竞争而变得非常薄,甚至会亏损。

小案例

九锅一堂,能喝汤的酸菜鱼

鱼的做法很多,酸菜鱼、水煮鱼、红烧鱼、清蒸鱼等。市场上做酸菜鱼的饭店很多,但九锅一堂采用产品差异化策略成为后起之秀。九锅一堂专做酸菜鱼,和其他酸菜鱼不同,九锅一堂的酸菜鱼没有刺,让老人小孩放心吃鱼。九锅一堂用农夫山泉做鱼,用真正好食材与匠心手法,使得酸菜鱼汤面不漂浮花椒辣椒,喝起来酸爽开胃,越喝越想喝。九锅一堂把酸菜鱼做出了特色,做到了极致,每年销售一百多万份酸菜鱼。

高颜值的火锅鱼

重庆火锅天下闻名,重庆的火锅鱼也很有名。火锅鱼的吃法和火锅差不多,同样的火锅底料,顾客在池子里选好鱼,厨房把鱼清理好切成一块一块的用大的长方形不锈钢盘子端上来,在锅里煮着吃。有一家小店,把顾客选好的鱼划成一块块的,但没有完全切断,仍然保持一条完整的鱼的形状端上来,让顾客看着非常舒服。就是这一点点差异,让这家店的生意明显好过其他火锅鱼店。

九锅一堂酸菜鱼和其他酸菜鱼相比,最大的差异就是没有刺、能喝汤。火锅店的火锅鱼和其他火锅鱼相比,最大的差异就是做好的鱼仍然是一条完整的鱼,鱼的颜值高,两家店都采用差异化策略使其生意明显好过同类店。

在市场竞争中,企业采取差异化策略可以避开价格战,获得合理的利润。差异化策略就是企业从产品、服务、品牌、市场等有形和无形的两个方面,给消费者提供独特的利益或附加值,使消费者将本企业的产品与竞争对手的产品区别开来。采用差异化策略,关键是要做到"细",比如细分产品、细分市场、细分情感等。在细分的基础上,提供不同于竞争者的产品或服务。

小案例

以专取胜

美国国民罐头公司在美国罐头制造业大公司纷纷转行的形势下,反其道而行之,走上专业化经营的道路,专门生产罐头,十年内其资产由1.8亿美元增长到10亿美元。

美国国民罐头公司就是这样一家采用集中化策略而获得成功的小企业。集中化策略指企业把有限的资源、资金、力量集中到某一细分市场或特定产品上,从而获得竞争优势。新创企业规模较小,实力较弱,往往无法经营多种产品,应摒弃"小而全、小而散"的经营模式,集中兵力,选择能使企业发挥自身优势的细分市场来进行专业化经营。

创业训练营

重庆的火锅店大街小巷都是,各有特色又大同小异,市场竞争十分激烈。如果你想开一家火锅店,你打算采取什么样的竞争策略与竞争对手竞争呢?

9.4 管理制度创新

故事引入

怎样避免再失去大客户

张先生创办了一家服装公司,名叫BG,主要定制及在网络上销售文化衫。A公司是BG的供应商,向BG供应基础T恤,BG再将T恤送到印刷厂印刷客户需要的图案和文字。C公司是一家活动公司,不定期向BG购买活动需要的各种文化衫,是BG的大客户。近日,C公司提出终止与BG的合作,原因是BG经常不能按时并保量地提供C公司需要的文化衫。张先生召开公司内部会议并反思,认为公司之所以失去C这个大客户,是因为公司管理制度存在问题,例如:BG忽视了对老客户的定期拜访和沟通交流,不能及时了解老客户对产品的看法;公司每次向A购买基础T恤之前,都会将全款打给A,而A未能按时交货以至于BG不能按时将基础T恤送到印刷厂印刷,导致BG不能按时将文化衫交给客户;公司激励制度不合理,员工积极性较差,以至于发现工作中的问题而没能及时解决。

思考:如果你是张先生,你会怎样创新企业管理制度,避免类似问题的再次发生?

9.4.1 相关概念

企业管理制度是对企业管理活动的制度安排,是企业员工在企业生产经营活动中须共同遵守的规定和准则的总称。企业管理制度创新就是根据生产力的发展、企业经营环境、企业员工的特点,对企业的管理制度进行变革,维护好企业和客户、供应商的伙伴关系,充分调动员工的积极性,保证企业正常、高效运行。

9.4.2 相关案例及分析

小案例

汉德公司的内部客户回访制度

为了更好地为客户服务,提高客户满意度,从 2015 年起,汉德公司以"服务客户"为主题,开展了"服务客户,提升客户满意度"活动。公司制定了《汉德公司内部客户回访制度》,确保将客户满意标准落到实处,保护客户回访工作扎实有效开展。从 6 月份开始,由各单位领导带队,每月对本单位的客户进行回访,了解客户的需求和对公司产品的看法,并针对客户的问题和建议,制定具体的改进方案,对整改情况进行跟踪检查,促进公司客户回访工作持续高效地开展。同时搭建客户回访经验分享平台,宣传分享客户回访的经验,提升回访效果。

客户回访是企业用来进行产品或服务满意度调查、维系客户提升客户满意度的方法,是客户服务的重要内容。根据 250 原则,在每位顾客背后,都站着大约 250 人。赶走一个客户,就相当于赶走了潜在的 250 位客户。同理,让一个客户满意,这个客户就可能会为企业带来 250 位客户,所以客户服务至关重要。新创企业的主要目的是活下来,活下来首先是要做好企业,不能因为片面地追求增长,而使企业率下降。只有定期及时地和客户沟通,了解客户对本企业产品的看法,服务好客户,才能和客户建立长期的伙伴关系,使企业不断发展壮大。在上述故事中,如果张先生以及他的员工能定期对 C 公司进行回访,了解 C 公司的想法,及时解决服务过程中的问题,就不会失去 C 公司这个大客户。

小案例

W 旅行社的尾款结算制度

W 旅行社是成都一家大型旅行社,旅行社的主打产品是成都、重庆、贵阳、昆明、大理、丽江的往返七日游。最初,W 旅行社会在旅游团出发前,将旅游费用付给合作的酒店、景区和航空公司,但这些合作公司因已收到全款,便降低了服务标准和质量。W 旅行社创新付款制度,即在旅游团出发前,将协议价格的 40% 付给合作的酒店、景区和航空公司,旅游团旅游结束后,如果合作企业提供的产品和服务让旅游者满意,W 旅行社则将剩余的 60% 付给合作企业。这种尾款制度使合作企业按照协议的要求向旅游者提供优质的产品和服务,保证了 W

旅行社的声誉。

尾款制度就是购买产品前付一部分费用，收到满意的产品后再支付尾款，这样既能控制供应商，使供应商提供满意的产品，又能在一定程度上减少自己的损失。在上述故事中，如果张先生在购买 A 公司的基础 T 恤之前只付给 A 公司定金，收到 A 公司的 T 恤后再结清尾款，就能促使 A 公司准时或提前向张先生提供满意的产品。如果 A 公司不能按时按质地向张先生提供 T 恤，张先生也能减少部分损失。

小案例

华为的股权激励制度

任正非 43 岁才开始创业，在创业初期，资金紧张，华为在研发方面加大投资，让本就拮据的华为出现了生存危机。员工离职率越来越高，为了能稳住员工，任正非带头转让自己持有的部分股权，将拖欠员工的工资、奖金转换成员工持有的股权。分到股权的员工都勒紧裤带全力以赴投入工作，客户一有需要，就马上出发解决客户的问题。任正非说："由于资金的不平衡，公司一次又一次地面临危机，是集体奋斗之神，是托起的气场保佑了公司。"任正非说的"气场"就是指公司通过股权激励形成的同舟共济的平台，让员工具有主人翁精神，把员工个人的前途与公司的命运连在一起，充分发挥员工的创造力，调动激发员工的积极性。

初创企业的业务来源和现金流不太稳定，企业中的每个人都在为企业如何活下去而努力。股权激励是初创企业吸引人才调动员工积极性的重要手段之一，尤其是在大众创业万众创新的时代背景下，人人都是股东。股权激励并不是上市公司的专利，股权激励是企业对内的激励，员工早一天"当家做主"，和企业共进退，才能使企业员工负有主人翁精神，成为一个紧握的拳头，帮助初创企业发展壮大。

9.5　商业模式创新

零售业的商业模式创新之路

零售业发展历史较久，最初以单店的形式存在，店铺狭窄设施简陋，店主全盘负责人、财、物。然后从单店发展成连锁店，零售业进入连锁时代，连锁店进行标准化管理、专业化分工和集中化采购，开店数量和开店规模成为竞争的主要指标。随着互联网的发展，淘宝等网购平台出现，网店因店铺成本低、消费群体广阔等优势受到零售商的青睐，商家将开网店作为降低成本争取客源促进产品销售的主要方式，网店也成为创业者创业的重要途径，线下实体店迎来了关店风潮。网店发展进入高峰期后，网店真假货难辨、消费者退货麻烦等问题越来越多。于是，线下体验线上购买即 O2O 模式出现，商家在网上发布商家和商品信息，消费者在线下实体店体验产品然后在线上商店购买产品，这样极大地满足了消费者个性化的需求。纵观零售业的发展历程,其商业模式经历了实体店——虚拟店——虚实结合的创新之路。

思考:什么是商业模式?作为创业者,可采用哪些模式来使企业发展壮大呢?

9.5.1 相关概念

商业模式即企业价值创造的基本逻辑,通俗地说,就是企业如何赚钱。商业模式创新就是企业把新的商业模式引入社会生产体系并为客户及自身创造价值,为企业开拓新的市场创造新的客户群。一个好的商业模式创新,至少要想明白5个核心问题:一是提供的产品能解决什么需求,即用户群体是谁,产品对用户群体来讲是刚需还是高频需求或低频需求;二是市场有多大;三是这个模式会动谁的奶酪,即损害哪些人的利益,这些人是否会影响到你;四是模式是否容易被复制;五是盈利模式,即你的商业模式怎么赚到钱。

9.5.2 相关案例及分析

小案例 风起云涌的共享模式

互联网技术的推广和移动终端、物联网的发展为共享模式的创新与应用提供了更多可能,众多的共享平台如雨后春笋般涌现。共享模式发端于国外,如出行巨头 Uber、短租巨头 Airbnb、办公巨头 Wework 等。在中国,共享模式以共享单车为代表,共享单车既能满足消费者短距离出行的刚需,又能通过收取押金的方式使企业盈利。除了较早入局的摩拜、ofo 外,还有至少 25 个新的共享单车品牌汹涌入局,迅速占领城市街头。继共享单车后,共享充电宝、共享篮球、共享雨伞、共享汽车等相继登场,出现在消费者的视野中。《中国分享经济发展报告》显示,2015 年中国分享经济市场规模约为 19560 亿元,未来五年分享经济年均增长速度在 40%左右,到 2020 年市场规模占 GDP 比重将达到 10%以上。

以共享单车为代表的共享模式之所以风起云涌,是因为共享模式既能使消费者以较低的价格使用产品,还能让企业通过押金等方式盈利并掌握大量的消费者信息,信息就是财富。共享模式的本质是资源的优化配置,利用互联网技术促进信息的高效流通,将资源在共享平台上分享给其他有需求的使用者。产品迭代速度加快,使得物权和产权的重要性不断降低,拥有某种物品有时带来的不是幸福感而是麻烦,因为拥有者需要花费人力、物力和财力去保养和维护。尤其是年轻一代的消费者,专注于享用而不是拥有,年轻消费者更希望将使用之外的麻烦交给专业的人来做。所以,共享模式能够被广泛复制,共享经济能迅速发展。

小案例 一招制敌的免费模式

在 360 免费模式开展之前,国内的个人级安全软件市场份额几乎被瑞星、金山和江民三大巨头垄断。三大巨头都靠卖杀毒软件赚钱,但 360 改变规则,免费让消费者使用杀毒软件。

360通过提供免费的杀毒软件，获得了海量的用户基数，360开发了什么新产品，只需要在自己的用户中介绍，就可能在一夜之间让很多用户来购买使用360的产品。360的免费模式并没有让自己亏损，反而帮助360打败国内其他杀毒软件，成为行业里的龙头老大，最终在美国上市，赚得盆满钵满。同样，淘宝通过免费开店使大量卖家在淘宝上开店，然后推出"个人诚信通"和向卖家提供增值服务来获取收入，通过这种免费模式打败eBay。

360和淘宝能一招制敌的原因在于通过免费模式帮助企业获取大量的客户资源，企业围绕这些客户资源销售产品进而盈利，打败竞争对手。免费模式的核心是"设计企业隐性的利润空间"，即延长企业的利润链条，通过设计免费的项目来最大限度地吸引客户，而后推出其他产品或服务来盈利。免费模式有五种类型：一是体验型模式，先让客户免费体验，获得客户信任后，再成交产品，如免费体验健身器材再购买等；二是产品型模式，先通过某一免费产品来吸引客户，然后进行其他产品的再消费，如上述案例中的360杀毒；三是客户型模式，即对其中一部分人群免费，促使另一部分人群消费，如女士免费男士收费，小孩免费大人收费等；四是时间型模式，在一个规定时间内免费，如早上免费晚上收费，周一免费周二至周日收费等；五是增值型模式，即对客户进行免费的增值型服务，如购买化妆品可免费修眉化妆，购买服装可享受服装烫洗免费等。

小案例

相互融合的跨界模式

在网络书店的巨大冲击下，实体书店通过"跨界"实现逆袭。从2011年广州店到2014年成都店再到后来的重庆店，方所书店都受到市场的热烈追捧，其图书销售额保持稳定增长。方所书店不只是一个买书卖书的场所，而是以书店为基础，同时涵盖美学生活、植物、服饰、展览空间、文化讲座和咖啡的文化综合体。消费者在方所书店不仅能看书，还能品尝咖啡、选购服饰、参加讲座等，体验文化消费。这家书店成为具有体验色彩的特色书店。广州万菱汇OCE北欧生活概念馆，不只是一个服装店，还是一个多业态组合店，业态涵盖服装、家居用品、书吧、咖啡和艺廊，丰富的跨界组合让消费者流连忘返。

方所书店和OCE北欧生活概念馆等跨界组合能成功逆袭，原因在于进入体验经济时代，大众的物质性需求已经得到满足，消费者追求更高层次的精神性追求。过去那种传统的书店和服装店带给消费者的体验性不够，通过与其他产业的跨界融合，能增强体验性，顺应消费者消费需求升级后的更高要求。

跨界模式的形式除了与互联网的融合和以上述案例为代表的业态组合跨界，还应有功能跨界、营销跨界等更高层面、更大范围的跨界。功能跨界如购物中心里涵盖游乐、展览与运动功能，以增强购物中心的休闲体验功能；营销跨界如广州正佳广场朗朗音乐会等商业和音乐的跨界组合。

9.6 企业文化创新

青春小酒——我是江小白

2015年左右,"江小白"突然成为很多年轻人聚会的必备品,开始引领潮流。"江小白"是面向年轻群体的青春小酒,其形象代言人是一个卡通小男生,长着一张大众脸,戴着一副黑框眼镜,脖子上系着一条英伦范儿围巾,时尚、青春、简单,不是高富帅亦绝非纯屌丝,使"80后""90后"群体从他身上看到了自己的影子。酒瓶上诸如"岁月如动车,光阴似高铁。再不开心,我们就老了。我是江小白,生活很简单","吃着火锅,喝着小白,我是文艺青年","毕业时约好一年一见,再聚首却已近而立之年"等语言,不知哪句就戳中"80后""90后"的笑点或泪点。

"我是江小白"这句江小白的口号,现在也成为都市青年的集体宣言,被赋予了"简单纯粹""寻找真我"等新的时代含义。江小白代表的是一个自信的青春群体,青年乐于以"我是江小白"来标榜自己,表现出他们对简单纯粹的生活理念和永不妥协的人生信仰的认可。

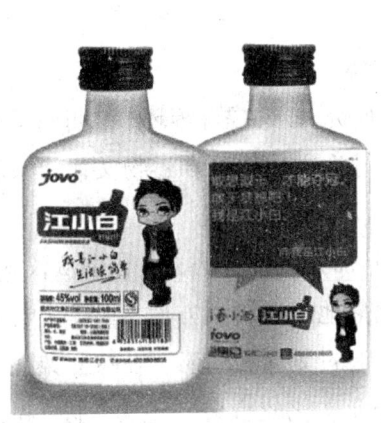 

图9-7 江小白

思考:什么是企业文化创新,企业文化创新应包括哪些方面?

9.6.1 相关概念

企业文化是企业在发展过程中形成的一种企业成员共有的价值和信念体系。企业文化创新即为了使企业的发展与环境相匹配,企业根据自身的性质特点形成体现企业共同价值观的企业文化,并不断创新和发展的过程,包括核心层、制度层和物质层三个层面。如图9-8所示。

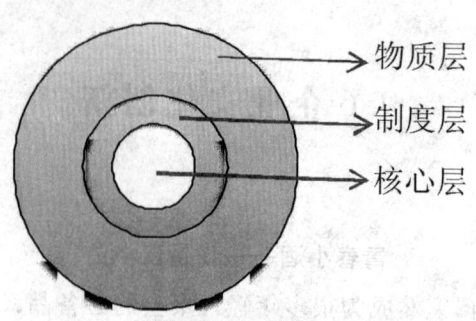

图9-8 企业文化创新的三个层面

核心层就是企业文化的核心理念,包括核心价值观、企业精神、企业宗旨、管理方针和理念等。企业文化理念的创新应从企业员工的特点、优秀企业文化的共同特征、企业发展历史和行业、区域特点以及企业未来发展战略四个角度考虑,做到内化于心。

制度层的创新应该高度关注和人相关的制度设计,通过制度的执行去贯彻企业文化,做到固化于制。

物质层的创新需要关注各类传播和载体的表现力和吸引力,要让企业文化真正落地,做到外化于行。

9.6.2 相关案例及分析

小案例

国投钦电"六心"文化建设与落实

2013年,国投钦电通过开展员工访谈、定性资料研究、概念提炼等环节,明确了国投钦电的基本价值理念,并形成了国投钦电精神文化体系、行为文化体系和器物文化体系的企业文化系统。国投钦电的企业文化是"六心",即"用心、诚心、信心、聚心、真心、爱心"。为了推进"六心"文化落地,国投钦电通过开展培训、树立典型、加强宣传等方式,分别从仪式化、行动化、故事化、可视化、常态化五个方面的内容推进文化落地。在培训方面,国投钦电先后举办"种子教官"和"黄金战队"等策略营销活动来增强员工的文化认同感。在树立典型方面,国投钦电联合当地主流媒体开展"寻找美丽钦电人""企业文化故事会""电力工匠"等文化主题活动来挖掘先进典型,使这些典型成为员工学习的榜样。在宣传方面,国投钦电以公司网站、"印象钦电"微信公众号、企业内刊等宣传平台宣传"六心"文化,通过编印《最美六心文化故事汇编》等文化书刊来挖掘好故事好员工,国投钦电也因此而获得"全国企业文化优秀成果奖"。

企业文化应从复杂到简单,越简单越有效,越简单越容易理解。与其绞尽脑汁地思考怎样用优美的文字将企业文化表达出来,还不如用简单易懂的语言将意思表达清楚。国投钦电"用心、诚心、信心、聚心、真心、爱心"的"六心"文化通俗易懂,员工容易理解容易记住。

企业文化建设和落实,关键是落实,而不是嘴上说说、纸上写写、墙上挂挂。企业文化应从抽象到具体，保证企业文化的落实。例如所有企业都讲诚信，但诚信的标准是什么，工作中要怎样做才能符合诚信的要求？国投钦电通过主题活动来挖掘典型，使这些典型成为员工践行企业文化的模范，通过一系列宣传和培训活动将企业文化落到实处，使企业文化从抽象到具体，让企业文化内化于心、外化于行。

小案例　　　　　　　　　　**万科：创造健康丰盛的人生**

万科的核心价值观是创造健康丰盛的人生，为将这一核心价值观落实到实处，公司倡导健康运动，提高员工的健康水平。每年年底，万科会对全体员工进行体质测试，万科是首个将管理层的奖金和员工健康挂钩的企业，如果员工的体测指标出现下降或不及格，管理层要扣相应奖金。2013年，万科创始发起全程约5公里的城市乐跑赛，以跑出健康、跑出快乐、跑出友谊为宗旨。万科旨在通过快乐的奔跑倡导健康的生活方式，倡导企业关注员工身体健康，并为员工创造健康生活条件。员工健康的身体不仅节省了大量的就医成本，还提升了员工满意度和工作效率。万科的创立者王石也是一个酷爱运动的人，他曾经说道："不爱运动的人，反映了一个民族的惰性。"王石喜欢爬山，52岁登顶珠峰。除爬山外，他也喜欢滑翔伞、攀岩和赛艇等。

企业文化是实实在在的文化，有些公司的企业文化之所以看起来是虚的，是因为企业老板没有让它着陆。万科通过万科领导人的身体力行，通过健康快乐跑等活动来使企业的核心价值观落到实处。

企业文化是全体员工的文化，不仅仅是"老板文化"或"企业家文化"。企业文化建设必须落实到企业管理者和员工的实际行动上，让企业文化活起来。比如地上有块香蕉皮，公司80%的员工看到香蕉皮，将香蕉皮扔进垃圾桶，说明这个公司的企业文化工作做得很到位。万科通过各种运动来帮助员工拥有健康的身体，在每年的体质测试中，没有一位员工体质不合格。正是万科倡导健康丰盛的人生价值观，并让公司的每位员工践行这种价值观，才使员工拥有较好的体质，从而提高了员工的工作效率和满意度，发挥了企业文化对企业发展的促进作用。

本章小结

①产品创新指通过创造某种新的产品或改善老产品来开辟新的市场并满足市场需求，可通过产品外观创新、产品功能创新和产品内涵创新来进行产品创新以吸引消费者并满足市场需求。

②服务创新是指通过非物质制造手段来创造或增加产品价值的活动，可通过服务场所创新、服务方式创新和服务内容创新来实现服务创新。

③市场竞争策略是指企业依据自己在市场上的地位，为适应竞争形式争夺更多的市场份额而采用的具体行动方式。一般而言，新企业规模较小各方面资源不足，适合采用价格策略、差异化策略和集中化策略。

④企业管理制度是对企业管理活动的制度安排,是企业员工在企业生产经营活动中须共同遵守的规定和准则的总称。企业可通过客户回访制度来提供让客户满意的产品和服务,通过尾款制度来保证供应商提供的产品的质量,通过股权激励的方式来激励员工。

⑤商业模式创新就是企业把新的商业模式引入社会生产体系并为客户及自身创造价值,即企业用新的方式赚钱。共享模式、免费模式和跨界模式是现在比较好的商业模式。

⑥企业文化创新就是指为了使企业的发展与环境相匹配,企业根据自身的性质特点形成体现企业共同价值观的企业文化,并不断创新和发展的过程。企业文化创新包括核心层、制度层和物质层三个层面,企业文化创新关键是要让企业文化落到实处,发挥企业文化对企业发展的促进作用。

课后阅读
企业管理的四大经典定律
①鲇鱼效应

挪威人爱吃沙丁鱼,挪威人在海上捕得沙丁鱼后,如果沙丁鱼能活着抵港,卖价就会比死鱼高好几倍。但是,沙丁鱼生性懒惰,不爱运动,加之返航的路途很长,捕捞到的沙丁鱼往往还没抵港就死了。只有一位渔民的沙丁鱼总是活的,而且生猛。原来,这位渔民在他的鱼槽里多放了一条鲇鱼,鲇鱼装入鱼槽后会四处游动。沙丁鱼发现鲇鱼这一异常分子后,也会紧张起来,加速游动,沙丁鱼便活着回到港口。这就是"鲇鱼效应"。

运用鲇鱼效应,通过个体的"中途介入",对群体起到竞争作用。"鲇鱼效应"是企业领导层激发员工活力的有效措施之一,它表现在两个方面:一是企业要不断补充新鲜血液,把那些富有朝气、思维敏捷的年轻生力军引入企业中,给那些故步自封、因循守旧的懒惰员工带来竞争压力,才能唤起"沙丁鱼"们的生存意识和竞争求胜之心;二是要不断引进新技术、新工艺、新设备、新管理理念,这样才能使企业在市场大潮中搏击风浪,增强生存能力和适应能力。

②手表定律

手表定律是指一个人有一只手表时,可以知道现在是几点钟,而当他同时拥有两只时间不一样的手表时却无法确定时间。两只表并不能告诉一个人更准确的时间,反而会让看表的人失去对准确时间的信心。你要做的就是选择其中更准确的一只手表,并以此作为标准。

手表定律在企业经营管理方面的启发,就是对同一个组织的管理不能同时采用两种方法,不能同时设置两个不同的目标,否则将使这个企业无所适从。

③墨菲定律

墨菲定律简单来说就是凡事可能出问题,就一定会出问题。这包含四层意思:一是任何事都没有表面看起来那么简单;二是所有的事都会比你预计的时间长;三是会出错的事总会出错;四是如果你担心某种情况发生,那么它就更有可能发生。

墨菲定律提醒企业管理者,在企业管理中要做好细节管理,任何一个细节上的失误,都可能导致严重的后果。同时我们必须学会如何接受错误,并不断从中学习成功的经验。

④快鱼法则

快鱼吃慢鱼正如非洲大草原上的动物们一样,当它们一开始迎着太阳奔跑的时候,狮子知道如果它跑不过速度比它慢的羚羊,它就会饿死。而羚羊也知道,如果自己跑不过速度最快的狮子,它就会被狮子吃掉。有人也曾形容说,美国人第一天宣布某项新发明,第二天投入生产,第三天日本人就把该项发明的产品投入了市场。

在互联网经济下,大公司不一定打败小公司,但是快的一定会打败慢的。如今市场竞争异常激烈,市场信息传播的速度大大加快。谁能抢先一步获得信息,抢先一步做出应对,谁就能捷足先登独占先机。因此,在这个"快者为王"的时代,速度已成为企业的基本生存法则。因为"商机"短暂且有限,转瞬即逝。"快鱼法则"强调对市场机会和客户需求的快速反应,但绝不是追求盲目扩张和仓促出击。真正的快鱼不仅"快",而且"准",只有准确地把握市场的脉搏,在此基础上快速出击才是必要且有效的。

思考与测试

1. 思考题

①目前比较热门的共享经济模式有哪些?

②2017年7月30日,中国人民解放军以一场气势磅礴的沙场阅兵庆祝90岁生日。作为企业管理者,你从阅兵中能学到什么?

2. 测试题(管理者水平测试)

A 代表非常不同意

B 代表不太同意

C 代表一般同意

D 代表比较同意

E 代表非常同意

①我被授予权利可独立开展工作( )

②我知道怎么去激励别人( )

③我很清楚我的工作职责和标准( )

④我有很强的沟通能力( )

⑤我做事果断( )

⑥我能清楚地描述出公司的年度目标( )

⑦我善于带团队( )

⑧我时间观念很强( )

⑨我能很好地分配人、财、物等资源( )

⑩我遇事冷静、临危不乱( )

推荐书目

[1] 孙武,雅瑟. 孙子兵法与三十六计[M]. 北京:新世界出版社,2013.

[2] 杰克·韦尔奇. 杰克·韦尔奇自传[M]. 北京:中信出版社,2017.

[3] 周三多,陈传明. 管理学[M]. 北京:高等教育出版社,2014.

参考文献

[1] 凤凰资讯网,http://news.ifeng.com/a/20170307/50760068_0.shtml.

[2] 汽车投诉网,http://www.qctsw.com/article/articlecontent/18264.html.

[3] 周三多,陈传明. 管理学[M]. 北京:高等教育出版社,2014.

[4] 丁兴良. 不懂带团队你就自己累[M]. 上海:立信会计出版社,2014.